共謀罪VS国民の自由
監視社会と暴走する権力

もくじ

はじめに　山田敬男　2

第1章　「共謀罪」法案とは何か、なぜ危険か
—反対運動にレッテルを貼って「一般人」から切り離す
三澤麻衣子（弁護士・自由法曹団）　4

第2章　共謀罪と安倍流の「新しい国」づくり
—その反憲法的本質
小沢隆一（憲法学者）　18

第3章　治安維持法と共謀罪
—内心の自由を奪い、戦争へ
山田敬男（労働者教育協会会長）　30

第4章　「テロとの闘い」で
アメリカの人権はどうなったのか
鈴木亜英（弁護士・日本国民救援会会長）　42

第5章　労働運動と共謀罪
小田川義和（全労連議長）　52

第6章　過去3回廃案に追い込んだ
共謀罪反対のたたかい
鈴木　猛（日本国民救援会事務局長）　62

第7章　思想・信条の自由と憲法を
生かした社会をめざして
杉井静子（弁護士・全国革新懇代表世話人）　72

はじめに

本書は共謀罪法案の廃案をめざす運動の発展に寄与するための〝緊急出版〟です。

安倍内閣は、今度の法案がテロやオリンピックに備えることを目的にしており、「共謀罪」法案ではなく「テロ等準備罪」法案だと説明しています。しかし、これはウソと偽りの安倍内閣の政治手法に他なりません。法案の原案には、「テロ」の表記や「テロリズム」の定義がなく、「テロ対策は口実」という批判の高まりにあわてて「テロリズム集団」という文言を挿入したのです。まさに茶番です。

また、テロ対策として、国際組織犯罪防止条約を批准するために、テロ対策法が必要と説明しています。しかし、これも国民をごまかすための口実に過ぎません。国際組織犯罪防止条約は、「テロ対策」とは異なり、マフィアや暴力団による麻薬や人身売買などの経済犯罪対策を目的にしており、共謀罪法を導入する必要は全くありません。

名前を変えて国民の目をくらまそうとしても、今度の法案が共謀罪としての危険な性格を持っていることに変わりはありません。「共謀」という表現を避け、犯罪の「遂行を二人以上で計画した者」と表現していますが、計画や合意＝「共謀」が処罰の対象になることに変わりはありません。その意味で名前がどうであれ、共謀罪法なのです。

政府は、組織的犯罪集団に限定して取り締まるから、一般市民には関係ないと説明していますが、国会の審議で、労働組合や市民団体であっても性格が「一変」したと捜査当局が判断すれば、取り締まりの対象になるとのべています。捜査当局の恣意的な判断で取り締まりが無限に拡大するのは歴史の教訓でもあります。こうした「一変」を探るため、捜査当局の盗聴や内偵などの人権侵害の捜査手段が拡大されることは不可避です。

共謀罪法案は、日本の刑法の〝実行行為〟を処罰するという基本原則を踏みにじり、「相談・計画」という内心を犯罪として取り締まることを目的としています。思想・信条の自由、内心の自由を保障する日本国憲法のもとでは許されないことです。

私たちはこれまで、共謀罪法案を三度廃案に追い込んでいます。今回は、2015年の戦争法反対闘争以来の市民と野党との国民的共同の大きな前進があります。この国民的共同の力に依拠して、今度も廃案に追い込まなければなりません。重要なことは、国民の中にある「テロ対策」に必要という「誤解」を軽視せず、話し合いと学習を通じて真実をあきらかにすることです。そのためにも、共謀罪法案の実態とその危険性、さらに、政治的背景、歴史の教訓、闘いの展望など様々な角度から問題の性格をあきらかにしなければなりません。

本書は、〝緊急出版〟ですが、これらの問題に正面から挑戦した内容になっています。読者の皆さんが学習会などで本書を有効に使い、共謀罪法案を廃案に追い込む国民的たたかいに積極的にご参加されることを期待しております。

二〇一七年三月

労働者教育協会会長　山田敬男

■第1章■

共謀罪（テロ等準備罪）法案とは何か、なぜ危険か

～反対運動に「犯罪集団」のレッテルを貼って「一般人」から切り離すツール

三澤麻衣子
（弁護士・自由法曹団治安警察問題委員長）

1　4度目の共謀罪

過去に3度、廃案になったにも関わらず、政府・与党は、共謀罪を創設しようとしています。発端は2016年8月、突然、「組織犯罪準備罪」なる名称の法案の骨子らしきものがマスコミにリークされました（以下「リーク法案」と言います）。出所は不明。骨子を見てみると、過去の共謀罪に対する批判を多少受け入れ、構成要件が限定的で問題がないかのように、かつ、東京オリンピック・パラリンピックのテロ対策を前面に押し出していました。要するに、オリンピックが最大のチャンスだと踏んだ人たちが、「本気」で通そうとしている気配を感じました。あらかじめリークしたのも、それで世間の反応、法案の弱いところを探ろうとしたのだと思います。

そして、2017年1月16日、菅官房長官が、共謀罪創設法案を、今通常国会で提出すると公表しました。「従来の共謀罪とは違う」と言い張り、名称も「テロ等準備罪」に変え、法案新設ではなく

組織的な犯罪の処罰及び犯罪収益の規制等に関する法律（以下「組織犯罪処罰法」と言います）の「改正案」という形をとることにして、国民を欺こうとしています。しかし、当初の対象犯罪を６７６とする案では、与党からも批判があったため、２月18日、法務省は２７７に縮小する方針に変更し、２月28日、政府が、具体的な法案を自民党、公明党に示しました。

２　「共謀罪」の仕組み

最初に「共謀罪」とはどういう仕組みなのかについてお話しします。まず、各犯罪の構成要件（処罰される条件）は、刑法やその他の特別法の条文で、各々規定されています。各犯罪の構成要件にあてはまる行為があれば、その各犯罪が規定されている法律の条文に書かれた処罰（懲役とか罰金など）がなされます。たとえば刑法１９９条で規定されている殺人罪は、①故意に（わざと）、②人を殺す行為をして、③その結果、人が死んだら、④死刑又は無期若しくは5年以上の懲役になります。①〜③が構成要件で、④が処罰の重さです。殺人罪を犯せば刑法１９９条で処罰されます。

しかし、共謀罪は、各々の犯罪を規定した法律（たとえば道路交通法、銃刀法といった法律）で処罰されるのではありません。政府の法案形式に合わせて解説すると、組織犯罪処罰法という法律の中に「共謀罪（テロ等準備罪）」という新たな犯罪の規定を作るのです。その「共謀罪（テロ等準備罪）」の構成要件が、

（ａ）組織的犯罪集団が、
（ｂ）長期４年以上の懲役刑（または禁錮刑）が定められている特定の犯罪について、

（c）「共謀（2人以上で計画）」し、そのうち誰か1人が共謀した犯罪行為を実行するための「準備行為」を行った場合とされます。この（a）～（c）に当てはまれば、（b）で対象となっている「特定の犯罪」ではなく、組織犯罪処罰法の「共謀罪（テロ等準備罪）」の規定で処罰されるのです。

先ほどの殺人罪で説明すると、殺人罪で一番重い（長期の）刑は死刑なので、上記（b）でいう「長期4年以上の刑」にあたり、この犯罪は共謀罪の「対象犯罪」になります。そして、この殺人罪を共謀して、その中の誰か1人がロープを買うなどして「準備行為」をすれば、組織犯罪処罰法の「共謀罪」規定により処罰されるのです。「殺人罪」が規定されている刑法199条で処罰されるのではありません。

なお、対象犯罪を277に縮小した法案では、「（b）長期4年以上の懲役刑（または禁錮刑）が定められている犯罪」の中から、一部の犯罪が除外されることになりますので、その意味で、「（b）長期4年以上の懲役刑（または禁錮刑）が定められている特定の犯罪」と規定しているのでしょう。

この「特定の」との規定の仕方は、昨年の出所不明のリーク法案時点からのものです。要するに、法務省側は、最初から縮小を想定していて、法案提出前は広い対象犯罪にしていたけれど、批判を受けて縮小した法案を提出しました、という形にした方が、批判者が安心して賛成に回るという心理を利用しようとしているのです。私達弁護士も裁判での和解のとき使う手法で、本当に狙って

（1）通常の犯罪　（構成要件）
刑法やその他の法律の各条文に構成要件と処罰の重さが規定されている。
（例　殺人罪　―　刑法199条）

（2）共謀罪（テロ等準備罪）とは
「共謀罪」という新しい犯罪を作る
各々の犯罪を規定した法律で処罰されるのではない。
「組織犯罪処罰法」という法律の中に「共謀罪（テロ等準備罪）」という新たな犯罪の規定を作るもの
（277個の犯罪を新たに作るということ）

⇩

○**「行為」がなくても処罰＝国民の「内心」を取り締まる**
○日本の近代刑法原則「行為主義」に反する
○憲法違反である
○国民監視のための武器にもなる

いる落としどころより、最初は、相手にとって少し不利な条件を出しておいて、その後、相手の意向を受けて妥協したような案として、落としどころと考えていた提案を出すと、相手は、あっさり受け入れることが多いのです。報道でも「法務省は、…与野党双方から…の指摘が出されたことから…当初の想定のおよそ4割まで絞り込んだ」とされていて、いかにも、批判を汲み取って、当初の想定より限定しました、というスタンスを作っています。でも騙されてはいけません。

3　近代刑法原則に反する共謀罪～条約違反

（1）近代刑法原則違反

日本の近代刑法は、原則として具体的な犯罪行為があった場合に処罰する**行為主義**（行為原理）をとっています。それも原則として既遂のみを処罰し例外的に未遂、さらに特別な場合に予備罪が処罰されます。そして、政府が共謀罪創設の根拠としている国際組織犯罪防止条約は第34条1項で「締結国は、この条約に定める義務の履行を確保するため、自国の国内法の基本原則に従って、必要な措置（立法上及び行政上の措置を含む）をとる。」と規定されています。具体的な犯罪の行為がないのに、共謀しただけで処罰することは、日本の近代刑法の行為主義という原則に反するので、条約違反でもあるのです。

（2）修正しても本質は同じ～結局は内心で判断

この点、菅官房長官は「共謀罪（テロ等準備罪）」では「準備行為」という客観的な（具体的な）行動があってはじめて処罰されるから、**行為主義**には反しない、と言いたいようです。しかし、沖縄の高江へリパッド建設反対の座り込みの相談をした2人以上の人がいたとします。その内の1人が、2〜3日後にゴザを買ったとします。ゴザを買う行為は、ごく日常的な行為で海に遊びに行くために買ったかもしれません。しかし、この座り込みを阻止したい警察が、座り込みを組織的威力業務妨害罪（組織犯罪処罰法3条1項12号で5年以下の懲役なので要件を満たします）に該当すると決めつければ、「座り込みの相談」=「組織的威力業務妨害罪の共謀」になり、共謀罪で捜査が可能になります。そして、「ゴザを買った行為」=「準備行為」として、ゴザを買った人だけでなく、座り込みの相談をした人全員を共謀罪で逮捕・起訴できます。しかし、ゴザを買う行為は、座り込みのためか、海に行くためか区別はつかないのに逮捕できるのは、捜査機関が、買った人の内心を座り込みのためと決めつけるからです。

（3）監視のための武器

そもそも座り込みを犯罪とすることも極めて恣意的で問題ですが、今の政府、警察、特に公安ならやります。その政府、警察に、さらなる武器を与えるのが共謀罪です。公安警察は、常に政府に反対する活動家、団体を監視していますが、この監視は当然違法です。2016年7月の参院選で大分県警が労働組合事務所を盗撮していたことが判明しましたが、このとき、実行者の警察官は建造物侵入罪で処罰されました。警察官は「組合事務所に出入りする労働者が公職選挙法違反の行為を行う可能性があった」と言い訳しています。このとき、共謀罪があったら、どうでしょう？　長期4年以上の公職選挙法違反の共謀をしていたという情報が入ったので「捜査」していた、と言えば適法捜査になってしまいます。

法務省は、当初から、このような批判を想定していて、実際に、批判が強かったはずです。しかも、公職選挙法違反が対象になることは、与党議員にとっても自分の身が危険です。だから、２７７に縮小された法案では、公職選挙法違反は除外されました。法務省にとっては想定どおりの流れなのでしょう。しかし、まだ対象犯罪は２７７もあるのです。

そして、公安警察の執拗さは異常です。それは、私が弁護団に入っていた国公法弾圧堀越事件（２００４年）での公安警察の行動を見れば明らかです。延べ１７１人の公安警察官が、29日間毎日、多い時は11人体制で、堀越さん１人を尾行し、報告書を作り、堀越さんの行動を一覧表にまでしました。そして、堀越さんが政治的ビラを撒きそうだと公安警察官が考えたときは、何台ものビデオカメラを、徒歩の警察官の鞄の中から、あるいは尾行した覆面車両の中から回して盗撮していたのです。この盗撮ビデオは裁判で開示されただけでも31本ありますが、ただ黙々とビラを撒いているだけの堀越さんを、何人もで尾けながら、盗撮しているのです。ある公安警察官の撮った盗撮ビデオの中に、別の公安警察官が映っているものもあり、携帯で連絡をとりあってチームで尾行している様子の一部が垣間見れました。

ご存知のとおり、堀越さんは無罪になりました。この公安警察官たちにお給料が払われているのかと思うと本当に税金の無駄です。

4　共謀罪は憲法違反でもある

また、日本は、治安維持法、特高警察により第二次世界大戦に突入した思想弾圧の歴史があります。

その反省の上にたって、憲法で明確に思想・良心の自由が規定されているのです。共謀罪は、人の内心を処罰するものであり、思想・良心の自由を規定した憲法19条違反でもあるのです。また、共謀というのは内心を表現することでもありますので表現の自由を規定した憲法21条にも違反し、前述のように近代刑法原則に反することから刑事手続などの適正手続を規定した憲法31条にも違反します。

5 「組織的犯罪集団」の定義の問題点

(1) 組織的犯罪集団は誰でもなれる

法案では犯罪主体を「組織的犯罪集団」と定義し限定しているかのように言います。しかし、共謀の時点で犯罪実行の共同の目的があればよく「組織」としての体をなす必要は全くありません。同窓会で久しぶりに集まって飲んでいるとき、酔った勢いで「今日、自分が経営している店が忙しいからと参加しなかったあいつが大変そうだから、今から皆であいつの店に行ってやろう。」「いいね。俺、絵が得意だから、あいつの店のシャッターに恰好いい絵をかいて宣伝してやる。」などと、本人たちは本気ではないのに、盛り上がって話したら、組織的威力業務妨害罪か組織的建造物等損壊罪という犯罪の共謀をした「組織的犯罪集団」に該当します。

この点、菅官房長官は、法案提出に向けて「犯罪の主体を限定するなど一般の方々が対象になることはありえないことが明確になるよう最終的な詰めを行っている」と言っていましたが、「主体」の定義自体がこのように曖昧で、しかも、対象犯罪が277と広汎である以上、一般人は入らざるを得ないのです。

す。

(2) そもそも「一般人」とは？――政府・警察が決める

国民のほとんどは自分を「一般人」だと思っています。例えば、ある会社が組織犯罪処罰法で摘発されたニュースを見たら「あの人たちは、私たち一般人とは違う犯罪集団だ」と思う人がほとんどです。

政府は、共謀罪を組織犯罪処罰法の「改正案」として共謀罪（テロ等準備罪）を新設すると言っています。そもそも、新法ではなく、もとからある法律の改正という形式をとること自体、国民の抵抗感を低くしようとしているとしか思えません。そして、組織犯罪処罰法は、当初は暴力団対策が目的でした。しかし、「しんぶん赤旗」の記者の方から聞いた話では、組織犯罪処罰法の今の運用は、普通の投資会社が赤字で採算がとれなくなっているにも関わらず、投資資金を集めたような場合に組織的詐欺罪で摘発するのがメインになっているとのことです。もともと合法な会社で、現場の営業社員は、自分の会社が赤字になっているとは知らずに投資を勧誘している場合もあるでしょうし、経営陣も今は赤字でも乗り越えられると思って、自身の会社の勧誘は合法だと思っていた場合もあると思います。それでも現場の社員含めて、犯罪集団として摘発しているというのが、今の組織処罰犯罪法の「メインの運用」なのです。この組織処罰犯罪法の改正で「付け加わる」共謀罪の運用が一般人に及ばないわけがありません。

しかも、安倍首相は「団体が犯罪集団に『一変』した段階で（構成員が）一般人であるわけがない。」と答弁しました。

でも「一般人」か「組織的犯罪集団」か、「一変」したかどうか、を決めるのは警察、あるいは、その背後にいる政府です。

要するに、菅官房長官の言う「一般の方々が対象となることはありえない」というのは、「政府や警察の方針に逆らわない方々には『一般人』のレッテルを貼ってあげるので、共謀罪の対象となることはありえない」ということです。

(3) テロと無関係に広汎すぎる対象犯罪
――一般人が巻き込まれる危険、国民監視に使われる危険は変わらない

277に縮小された法案ですが、テロに限定なら277でも過大です。現に、先ほどの同窓会の例にあった組織的威力業務妨害罪や組織的建造物等損壊罪も残っているのです。

そして、同窓会の例のように、酔って盛り上がって店のシャッターに絵を描こうと話をしたとき、その人たちは冗談で言ったのに、近くで飲んでいた人が、本気にして警察に通報したらどうでしょうか？　同窓会にいた人たちは、警察の捜査対象となる可能性があります。警察もどこまで本気になるかわかりませんが、たまたま見回りに来た警察官に、隣の席にいた人が報告し、その警察官が見ているときに、同窓会の1人が、近くのコンビニに行って、たまたま仕事か家で必要だと思っていた油性マジックを買ったらどうでしょう？　油性マジックでシャッターに絵を描くための「準備行為」だと警察官が誤解したら、同窓会の全員が逮捕まで行かなくても任意同行を求められる可能性があります。酔っぱらっているのだから、

■だれでも「組織的犯罪集団」にされる可能性■

○「一般の方々」と「一変」

菅官房長官「法案提出に向けて『犯罪の主体を限定するなど一般の方々が対象になることはありえないことが明確になるよう最終的な詰めを行っている状況』」

金田法相「『もともと正当な活動をしていた団体』も、その目的が『犯罪を実行することにある団体』に一変したと認められる場合は、組織的犯罪集団になりうる」

○「一般の方々」かどうかも、「一変」したかどうかも、誰が判断するのか？

国民のほとんど＝自分は一般人だと思っている

しかし ⇩

共謀罪（テロ等準備罪）が適用されるかどうかの判断
（「一般人」か「組織的犯罪集団」か、「一変」したかどうか）
を判断するのは、警察、その背後にいる政府

抵抗して誤解が大きくなって、公務執行妨害罪で逮捕される人も出てくるかもしれません。翌日には「組織的犯罪集団が警察に抵抗し逮捕」との記事が載り、会社もクビになるかもしれません。

私は、共謀罪は、一般国民同士の中でも過剰な監視密告社会の雰囲気を作りだす危険があると思っています。

結局、２７７もあれば、十分一般人が巻き込まれる危険、そして、政府・警察の国民監視の手段に使われる危険は同様です。

6　政府の言うテロ対策はすでにある法律や個別の新規定制定で十分対応可能

政府法案では、対象犯罪を、①殺人、放火、化学兵器使用による毒性物質等の発散、テロ資金の提供などテロの実行に関する１１０の犯罪、②覚醒剤・大麻の製造・密輸など薬物に関する29の犯罪、③人身売買、営利目的誘拐などの人身に関する28の犯罪、④強盗、詐欺、犯罪収益等隠匿など組織的犯罪集団の資金源に関する１０１の犯罪、⑤偽証、犯人蔵匿など司法妨害に関する９の犯罪の合計２７７に絞りました。

しかし、例えば、なぜ薬物犯罪がテロと関係あるのか不明です。テロの資金源にしたり、覚醒剤でテロの仲間を縛り付けるとでも言うのか、かなり強引です。また２７７のすべての犯罪について、現行法の予備罪等の規定や、個別の予備罪等の新設で十分対応できます。予備罪なら、共謀が単独犯でも捜査可能です。逆に、現行法（あるいは個別の予備罪等新設）で対応可能なのに、わざわざ単独犯を捜査できない共謀罪を創設する意味がありません。

7　立法事実（法律を作る根拠）の不存在

(1)「国際組織犯罪防止条約の締結のため」は嘘――そもそもテロ防止条約でない

ア　テロ対策立法はすでに完結

政府は「テロ等準備罪」と言って誤魔化していますが、そもそも、その根拠条約である国際組織犯罪防止条約（ＴＯＣ条約、政府は、この条約を締結するために共謀罪が必要だと言っています）は、２００１年９月11日のアメリカ同時多発テロより前に制定され、テロ防止目的でなく、国際的なマフィア対策が目的です。

他方で、外務省のホームページでは、「国連その他の国際機関では、これまで13本のテロ防止関連諸条約が作成され…我が国は、２０１５年８月現在、下記の13条約の締結を完了しました。」と記載されています。「共謀罪法案の提出に反対する刑事法研究者の声明」（２０１７年２月１日付）で書かれていますが、テロ対策の国際的枠組みとして、「爆弾テロ防止条約」や「テロ資金供与防止条約」を始めとする５つの国連条約、および、その他８つの国際条約が採択されており、日本は９・11後に採択された条約への対応も含め、早期に国内立法を行って、これらすべてを締結しているのです。

イ　共謀罪（テロ等準備罪）がＴＯＣ条約に必須は嘘

政府は、共謀罪（テロ等準備罪）がなければ、ＴＯＣ条約を締結できないと断言しています。しかし、ＴＯＣ条約を締結している１８７か国のうち、共謀罪を創設した国は２か国だけです。これに対して、政府の御用達マスコミである産経ニュースは、「確かに条約批准にあたり共謀罪を新設した国はノルウェーとブルガリアしかない。組織的犯罪集団の活動の参加するだけで違法となる『参加罪』でも条約に適合するが、この新設も少ない。」「ただ、大半の国は以前から『当然処罰されるべき犯罪』として整備しているのが現実だ。G７では米、英、カナダが共謀罪を、フランス、ドイツ、イタリアは参加罪を持っていた。ロシアや中国、韓国なども同様だ。」と言っています。

しかし、日本の法制度は、もともと「予備罪」や「準備罪」を極めて広く処罰してきた点に、他国とは異なる特徴があります（「共謀罪法案の提出に反対する刑事法研究者の声明」）。さらに先ほど述べたテロ対策条約への対応のために一連の立法が実現しているほか、従来から、刑法上の殺人予備罪・放火予備罪・内乱予備陰謀罪・凶器準備集合罪などのほか、爆発物取締罰則や破壊活動防止法などの特別法による予備罪・陰謀罪・教唆罪・せん動罪の処罰が広く規定されていて、それらの数は70以上にも及びます。このような日本の状況から見れば、このままで、あるいは個別の新規定の補充のみで、十分、ＴＯＣ条約を締結できるのです。

他方で、日本は治安維持法と特高警察による思想弾圧の歴史があり（第3章参照）、さらに、現在の刑事手続も、弁護人立ち合いのない密室による最長23日間もの取調べ（別件を利用すれば期間は際限なく長くなる）が可能で、数々の自白強要、冤罪が生まれてきたことは周知の事実です。そのような日本で、上記のように必要がないのに、共謀罪が創設されたら、どうでしょう？　先ほども言ったように、準備行為は、単なる日常行為と外形は変わらないので、それを行った「内心」によって犯罪かどうか決まるのです。「内心」の客観的証拠（物証）なんて、普通はありません。警察は、これまで以上に「自白」を獲得しようと、密室での長期間の取調べを利用するでしょうし、自白強要、冤罪が、これまで以上に増えることは明らかです。

先ほどの産経ニュースは、外務省幹部が「共謀罪の存在自体が『危険』だと批判されるのは世界広しといえども日本くらいだ」と語っている、と報道しています。何を言っているんでしょうか。ここまで自白重視の取調べが可能な捜査に関する手続、それを追認してきた裁判所という日本の刑事手続きこそ、先進国の中では「世界広しといえども日本くらい」です。本当は、条約に関する知識は外務省が一番有しているはずで、TOC条約が共謀罪なしに締結可能なことも十分わかっているはずなのです。外務省も法務省も頭のいい人たちばかりですけど、騙されてはいけません。

(2) 東京オリンピック・パラリンピックは無関係

政府は、東京オリンピック・パラリンピックのためのテロ対策といえば、国民が騙されて納得すると思っているのです。安倍首相は、共謀罪(テロ等準備罪)がないと、オリンピックが開けない、とまで言っています。そもそも、日本をテロの対象とされうるような危険にさらそうとしているのは、戦争法を推し進めた安倍政権に他ならないのです。

8 「戦争法」を維持するための監視・密告社会づくり～戦争する国づくり

2015年に安保関連法＝戦争法を強行採決した政府は、この戦争法を維持する監視体制を整えるために、2016年刑事訴訟法を改正して盗聴法拡大、司法取引導入を行いました。

そして、今、共謀罪で政府は監視体制の仕上げをしようとしています。

共謀罪が創設されれば、監視が見つかっても言い訳ができることは前述のとおりですが、さらに、監視方法も拡大しています。要件が緩和され対象犯罪が拡大した盗聴法により、ありとあらゆる通信手段を監視することができるのです。それも合法的に。

さらに、公安警察の常とう手段、協力者や潜入者を作り、弾圧したい団体で、適当な犯罪の共謀にあたるような話をさせます。そして、その人に準備行為にあたるようなことをさせた上で、自首させるのです。その協力者や潜入者は、司法取引により無罪放免。他の団体構成員は根こそぎ組織的犯罪集団で摘発できます。そして、密室の取調べで自白を強要するのです。

監視密告社会のできあがりで、戦争へ通じる道です。治安維持法の勉強をしている弁護士から、当時の背景が今と似ていると聞いて、ぞっとしました。

9　監視・密告社会ではなく　心のケアのできる社会を

戦争法は戦争することが前提で、報復の連鎖を止めることはできません。ものすごく大変なことだと思いますが、戦争をなくすのは、誰かが報復をストップすることです。

世界ではまだ戦争している国があります。戦争を終わらせたいなら、戦争で傷ついて逃げてきた人を受け入れる法律を作ればいいのではと思います。そして、家族を失い、自分も傷ついた人が報復の行動をしないよう、あなたを大事に思って支えてくれる人は沢山いるんだよ、と教えてあげられる社会を作ればよいと思います。必要なら法律も。そんな社会と法律が世界の半分の国でできたら、戦争はなくなるんじゃないかと思います。

だから戦争法はいらないし、それを維持する監視密告社会をつくる共謀罪は絶対にいらないのです。

第2章

共謀罪と安倍流の「新しい国」づくり

――その反憲法的本質

小沢隆一
（憲法学者・東京慈恵会医科大学教授）

はじめに

この章では、安倍晋三首相が掲げる「新しい国」づくりと共謀罪との関係を取り上げます。「新しい国」の実体は、日本国憲法、とりわけ憲法9条を否定した「戦争する国」に他なりません。この目標にとって、いま安倍政権が強引に導入しようとしている共謀罪が、いかなる意味を持ち、どのように位置づけられているのかを考えてみましょう。

1　安倍改憲路線のいま

日本国憲法は、今年の5月3日で施行70周年を迎えます。人間でいえば「古稀」のお祝いをするべき年に、安倍首相はそうした気持ちは一切ないようです。それどころか、年頭から改憲の意欲を繰り返し表明しています。そこには、何としても自分の任期中に改憲を実現したいという執念がうかがえますが、同時に、昨年の参院選の結果、改憲勢力が両院で3分の2を上回り、約一年間「休眠」していた憲法審査会を昨秋の臨時国会で久方ぶりに再開したものの、それでも改憲気運が今一つ盛り上がらないことへの「あせり」もにじみ出ています。

この間、安倍流の改憲路線は、まずは何とかして改憲気運を盛り上げようと、さまざまな手法を用いてきました。たとえば、憲法改正の発議を容易にする「憲法改正手続の要件緩和」を先行させる議論や、東日本大震災をはじめとして頻発する大規模自然災害を口実にした憲法への「緊急事態条項」導入論などです。そして最近では、２０１６年の参院選から始まった都道府県単位の選挙区の「合区」（徳島と高知、鳥取と島根の二選挙区）を解消するための「参院選挙区＝都道府県代表」論が出され、日本維新の会からは、「幼児期から高等教育までの教育無償化」をするとして憲法26条改正論が唱えられています。

こうした正当性や根拠、あるいはその「本気度」さえ怪しげな議論は、改憲気運を盛り上げる方策として、これからも手をかえ品をかえて持ち出されるでしょう。しかし、改憲の本命が、あくまでも憲法9条、とりわけ2項の「戦力不保持」条項の改定であることを見逃してはなりません。それは、２０１６年2月3日の衆院予算委員会で、稲田朋美自民党政調会長（当時・現在は防衛大臣）と安倍首相が、「9条2項改憲」について「意気投合」するような質問と答弁を行ったことに如実に示されています。この「掛け合い」は、「9条改憲を他の論点に埋めさせてはならない」という二人の執念のなせる業なのです。

2 自民党改憲案における憲法観・人権思想

共謀罪の内容と危険性については本書の第1章を、その反憲法的な性質については第7章をお読みください。ここでは、共謀罪の本質を、以下の叙述に必要な限りで簡単に整理しておきます。共謀罪は、多数の犯罪についてその実行の着手がない場合でも処罰することにより、「行為ではなく思想を処罰」する性格をもち、またそうした処罰は、警察が団体や市民の活動を日常的に監視することによって可能となることから、思想・良心の自由、表現の自由、信教の自由、学問の自由、労働基本権などの侵害を引き起こし、ひいては国民の民主主義的な活動を萎縮させるという反憲法的な本質をもっています。

このようなきわめて危険な法律を推進、あるいは容認する政府与党、とりわけ自民党は、そもそも憲法や基本的人権についてどのような考えをもっているのでしょうか。そのことを、2012年4月27日に自民党が発表した「日本国憲法改正草案」（以下、2012年自民党改憲案と略）のなかに見てみましょう。実は、この案の随所には、国民の基本的人権を制限し、その行使による民主主義的な運動を敵視する考え方が散りばめられています。そこには、共謀罪の導入を是とする基本思想が流れているのです。

（1）「人間中心の憲法」から「国家中心の憲法」へ

2012年自民党改憲案の前文の冒頭は、「日本国は、長い歴史と固有の文化を持ち、国民統合の象徴である天皇を戴く国家であ（る）」という言葉から始まります。そして、それに続けて「国民主権の下、立法、行政及び司法の三権分立に基づいて統治される」と謳《うた》います。ここには、日本という国は、国民主権や権力分立という憲法の原理によって規律される前に、「天皇を戴く」というおよそ国民主権にふさわしくない固有の特徴を持った国家である、という考え方がにじみ出ています。憲法自体が、「憲法に基づく国家」のあり方を示すのではなく、まるで憲法制定の前から存在するかのような国家の固有な性格を、言いかえれば「憲法によらない国家」をあらかじめ示すという、奇妙なつくりの憲法（案）なのです。これは、結局、憲法よりも国家の方を上に置く、「国家中心の憲法」（案）と言ってよいでしょう。

この点は、この案の前文における国民の扱い方にも如実に現れています。

「日本国民は、国と郷土を誇りと気概を持って自ら守り、基本的人権を尊重するとともに、和を尊び、家族や社会全体が互いに助け合って国家を形成する」。

ここでも、国民は、何よりもまず「国防」に努め、その「基本的人権」も尊重されるのではなく尊重するものとされ（この違いは大きい―後述）、かつそうした人権も「和」の精神や「家族」の助け合いなどによって相殺されうる存在とされています。しかも、そういう国民が「国家を形成」するというわけですから、（文章上の主語はともかくとして）主体はあくまでも国家なのです。そして、次のくだりも「我々は、…国家を成長させる」という構成をとり、前文の最後はこう結ばれています。

「日本国民は、良き伝統と我々の国家を末永く子孫に継承するために、ここに、この憲法を制定する」。

ようするに、国民は「国家のために憲法を制定する」というわけです。こうした2012年自民党改憲案の前文を読んで、みなさんはどう感じますか？　日本国憲法の前文の次の一節と比べると、考え方の違いは明らかです。

「そもそも国政は、国民の厳粛な信託によるものであつて、その権威は国民に由来し、その権力は国民の代表者がこれを行使し、その福利は国民がこれを享受する」。

日本国憲法の前文は、ほとんどの文が、「日本国民は」や「われらは」という言葉で始まり、かつその内容も自由・民主主義・平和について語る、「国民主権の憲法」と呼ばれるのにふさわしいものです。ところが、自民党改憲案には、それを「国家（中心）主義の憲法」に変えようという意図が濃厚に見られます。

日本国憲法の前文よりも自民党改憲案のそれの方が好ましいと考える人は、おそらく一人一人の人間（個人）の立場から憲法をとらえるのではなく、国家の立場から憲法を扱うことを是とする人ではないかと推測できます。国家を中心にして物事を考える人、国家権力と自己を同化できる人にとって、それは「心地よい響き」の文かもしれません。しかし、近代憲法が、ルネサンス（人間復興！）期に芽生え啓蒙思想によって培われた「人間中心」の考え方の土台の上に生まれ、それまでの厳しい弾圧をくぐり抜けてかちとられた思想・良心の自由、表現の自由、信教の自由、学問の自由などを高らかに宣言するに至った経緯を考えるとき、自民党改憲案の前文に見られる「国家（中心）主義」は、近代憲法の根本原理を損なうものと言わざるを得ません。

(2) 国家の都合による人権制限を正当化

2012年自民党改憲案は、上に述べたような「国家中心の憲法観」に基づいて、国家と国民との関係、より正確には、権力をもつ国家と基本的人権の主体である個人ないし市民との関係を、日本国憲法とはまったく違うものにしようとしています。

「すべて国民は、個人として尊重される」（日本国憲法13条）。（傍点引用者。以下同じ）

「全て国民は、人として尊重される」（2012年自民党改憲案13条）。

この二つの条文の違いは、「個」という漢字一文字にすぎませんが、実質的な意味には、雲泥の差があると見てよいでしょう。「個」＝individual（インディヴィジュアル）という英語は、「分割できない」すなわち「かけがえのない」個人という意味です。私の心とからだ、私にとって大切なもの、総じて「私という人格」は、誰のものでもない私だけのものという意味を、「個人の尊厳」、「個人の尊重」という言葉はもっています。これが、近代以来の基本的人権の保障の神髄であることを「個人の尊重」は示しているのです。

自民党の改憲案は、こうした「個人」という言葉の重みを軽んじているかのようです。それほど、個人が、すなわち「個」を主張する人が嫌いなのかと、勘ぐりたくなってしまいますが、それがあながち的外れでないと思われる文言が、自民党改憲案13条には盛り込まれています。

「生命、自由、幸福追求に対する国民の権利については、公益及び公の秩序に反しない限り、立法その他の国政の上で、最大限に尊重されなければならない」。

この規定は、日本国憲法13条の「公共の福祉」を、「公益及び公の秩序」に替えているのですが、自民党が作成した改憲案に関する「Q＆A」では、その理由を次のようにあけすけに語っているのです。

「意味が曖昧である『公共の福祉』という文言を『公益及び公の秩序』と改正することにより、憲法によって保障される基本的人権の制約は、人権相互の衝突の場合に限られるものではないことを明らかにしたものです」。

「語るに落ちる」とは、このことです。自民党改憲案は、憲法13条の「公共の福祉」を「公益及び公の秩序」に替えることで、「人権相互の衝突」の場合以外にも基本的人権の制限を広げようとしているのです。自民党の「Q&A」は、「人権相互の衝突」の調整を意味する「公共の福祉」を「意味が曖昧である」と揶揄《やゆ》していますが、次のような1789年フランス人権宣言の第4条を見れば、その意味するところはむしろ明確です。

「自由とは、他人を害しないすべてのことをなしうることである。その結果、各人の自然権の行使は、社会の他の構成員にこれら同種の権利の享有を確保すること以外の限界をもたない」。

近代憲法の基本原理である「個人の尊重」は、人がみな平等に権利の主体である以上、人は「他人の権利を害する」権利はもたない（身分制の時代には、それはまかり通っていました。例えば「切り捨て御免」）ということを意味します。それゆえ、基本的人権を本当に保障しようとすれば、「人権相互の衝突」の調整以外に人権制限を正当化する理由は、原理的にはありえないということになります。ここで「原理的には」というのは、国家が国民の権利を保障するために設立され活動する以上（いわゆる「社会契約説」では、国家の意義はそのように説明されます）、そうした国家の活動を円滑に進めることも、同心円的に「人権相互の衝突の調整」の論理に収まるということです。例えば、大規模な自然災害時の緊急措置としての土地や建物の利用制限や破壊、物品の保管命令、取引の停止などは、緊急事態における国家による権利制限の「代表例」のように語られ、それを口実にして憲法への「緊急事態条項導入論」が唱えられてもいますが、そうした権利の制限が必要とされるのは、「災害から人命を救う（被害を最小限に食い止める）」という究極の人権保障の要請からです。こうした措置も、憲法13条の「人権相互の衝突の調整」の論理で十分説明がつくのであって、あえて全権委任的な「緊急事態条項」をわざわざ憲法に盛り込む必要はないのです。

自民党改憲案は、日本国憲法13条の「公共の福祉」の意義をとらえ損ね、あるいは貶《おとし》めながら、その代わりに「公益及び公の秩序」という、かえってあいまいな概念を持ち込むことで、「人権相互の衝突の調整」では説明のつかない、すなわち純粋に国家権力側の都合による、たとえば軍事的な目的による人権制限までをも正当化しようとしているのです。

自民党改憲案は、「ご丁寧」にも、この「公益及び公の秩序」による権利制限を、「集会、結社及び言論、出版その他一切の表現の自由」を保障した21条でも繰り返し規定しています。ここに、国民の言論活動に対する権力の側に立った敵視、国家の都合によるその制限の意図が透けて見えます。共謀罪は、そうした改憲案の考え方に見事に適合的な犯罪類型です。

（３）立憲主義実現のための国民の人権行使を敵視

12年自民党改憲案は、日本国憲法の本質に関わる重要な条文である97条を全部削除します。また、日本国憲法の99条「公務員の憲法尊重擁護義務」の規定に替えて、次のような規定を盛り込みます。「全て国民は、この憲法を尊重しなければならない。国会議員、国務大臣、裁判官その他の公務員は、この憲法を擁護する義務を負う」。

ここで「国民」に要求されている「憲法尊重」と、「公務員」の義務としての「憲法擁護」が、それぞれどのような意味で、両者の関係はどのようなものなのか、この案を作った人に尋ねてみたくなりますが、いずれにせよ、「国民」も「公務員」と同様に、「この憲法を丸ごと守れ」という意味が込められていると思われます。しかし、このような憲法と国民、憲法と公務員の関係のとらえ方は、近代憲法の基本的な原則を踏みはずすものに他なりません。

日本国憲法99条の「公務員の憲法尊重擁護義務」とは、憲法が国民に保障した基本的人権を侵すことなく、憲法の統治機構に関する条文に従って、自らに与えられた「権限」（法によって創設され、限定づけられた権能）を行使することを公務員に課しています。こうして、公務員は憲法を丸ごと「尊重し擁護する」のです。これに対して、日本国憲法は、国民と憲法の関係については、内容も性格もまったく異なる規定を置いています。12条と97条がそれです。

「この憲法が国民に保障する自由及び権利は、国民の不断の努力によつて、これを保持しなければならない…（以下略）」（12条）。

「この憲法が日本国民に保障する基本的人権は、人類の多年にわたる自由獲得の努力の成果であつて、これらの権利は、過去幾多の試練に堪へ、現在及び将来の国民に対し、侵すことのできない永久の権利として信託されたものである」（97条）。

この二つの条文が示している「憲法と国民の関係」は、国民は（国家権力担当者である公務員と違って）基本的人権の主体であること、国民に求められているのは、自らが有する基本的人権を「不断の努力によって保持」し、それを「侵すことのできない永久の権利」にふさわしいものにすることです。こうして、日本国憲法は、国民に対しては、基本的人権の保持、すなわち行使に努めることを求めているのです。したがって、基本的人権は、尊重されるべきものなのです。

こうした「公務員の憲法尊重擁護義務」と「国民の基本的人権保持（＝行使）の努め」は、近代憲法の立憲主義（憲法に基づく政治）を支える二本の太い柱であり、この二つのいずれが欠けても立憲主義は成り立たない「ベター・ハーフ」であり、「ベスト・ミックス」の組み合わせです。日本国憲法は、公務員に「憲法尊重擁護義務」を課すことで、憲法の最高法規性を守ろうとしています。しかし、現実には、安倍首相や稲田防衛大臣、金田勝年法務大臣のように憲法を守ろうとしない政治家が次々に現れてきます。そうした時、国民は、自らの権利を積極的に行使することで、こうした政治家を監視、批判し、憲法違反の政治を克服することが必要です。それによって立憲主義は守られるのです。日本国憲法12条と97条は、そうした国民による権利行使の拠り所です。

自民党改憲案は、このように重要かつ豊かな意義をもつ97条を削除して、国民と憲法との関係を、公務員と憲法との関係に似た消極的で義務的な関係に置き換えようとしています。ここには、彼らがいかに国民による立憲主義擁護のための権利行使、それによる権力批判を恐れ、敵視しているかが如実に示されています。

共謀罪が仮に成立すれば、こうした国民の権利行使や運動を、常日頃から監視し、抑圧する絶好の「口実」と権限を警察権力に与えることになるでしょう。また、それに恐れをいだく国民が権利行使を自粛（萎縮）するという波及効果は、「生活習慣病」のように立憲主義・民主主義を蝕むことになるでしょう。共謀罪は、このように「国家中心」の人権抑圧的な国民運動敵視の体制にとって、絶大な威力を発揮する手段なのです。

3　9条改憲による「戦争する国」と共謀罪

12年自民党改憲案は、以上2で述べた「国家中心」の憲法観、人権制限を拡大し、国民の権利行使や立憲主義・民主主義擁護の運動を敵視する考え方をたずさえて、憲法9条の根底的改変をめざしています。そこには、①集団的自衛権も含む「自衛権の発動」の容認（9条2項）、②自衛隊に代わる「国防軍」の保持（9条の2）、③軍事に関わる裁判を行う「審判所」（いわゆる軍法会議）の設置（同）、④「外部からの武力攻撃」を筆頭に掲げる「緊急事態」条項（98条）、⑤緊急事態の際の人権制限など内閣への広範な授権（99条）など、日本を「戦争する国」にするための規定が微に入り細に入り盛り込まれています。

こうした9条改憲が仮に実現した場合には、戦前の治安維持法が明治憲法体制への批判、抵抗を封殺したように、共謀罪が、新たな「戦争する国」の体制を護持する権力側の手段として大きな役割を果たすでしょう。自民党改憲案の9条の2・第5項は、軍法会議に当たる「審判所」について次のように定めています。

「国防軍に属する軍人その他の公務員がその職務の実施に伴う罪又は国防軍の機密に関する罪を犯した場合の裁判を行うため、法律の定めるところにより、国防軍に審判所を置く…（以下略）」。

このように「審判所」の裁判管轄権は、「軍人」だけでなく「その他の公務員」にも及びます。また「国防軍の機密に関する罪」が公務員以外の民間人にも及ばないという保証はどこにもありません。そうしなければ「軍の機密」は守れないからです。

映画「この世界の片隅に」をご覧になった方は、思い起こしてください。主人公すずさんの夫は、呉鎮守府の軍法会議の書記官でした。すずさんからスケッチブックを奪い尋問したのは憲兵（軍警察）でした。ようするに当時の呉の軍法会議は、軍の中だけでなく、地域の警察や司法も担っていたのです。「共謀罪」―「審判所（軍法会議）」―「憲兵」（審判所をつくればそれ専門の警察官は必須でしょう）によって、あの「軍港　呉」が再現します。

そんな世の中にしないよう、共謀罪を何としても葬り去り、改憲を阻止しましょう。そのために、この世界の片隅の日本国憲法は、次のようなすばらしい指針を掲げています。

「われらは、全世界の国民が、ひとしく恐怖と欠乏から免かれ、平和のうちに生存する権利を有することを確認する」（平和的生存権）。

むすびにかえて―共謀罪を葬って「テロに屈しない社会」に

平和的生存権の思想は、テロ行為やテロリズムに対抗するためにも最も重要な指針となるでしょう。政府は、共謀罪を、本来は筋違いの「テロ対策」を口実にして導入しようとしています（この点については第1章参照）。それでも、そうした「理由」を持ち出されると、国民の中に「テロ対策は必要ではないか、そのためには権利制限など多少の不便はやむを得ないのではないか」という声がどうしても出てきがちです。この問題について、しっかりとした見地を持つことが求められています。

テロ行為、テロリズムの基本的なパターンは、「ある政治的な目的をもくろんで、特定の人物を狙うかあるいは無差別に行使する暴力を用いることで、人々の間に恐怖心（terreur　テルール＝フランス語で恐怖ないし恐怖政治。テロの語源とされる）を広めることにより、目的達成に利用しようとすること」です。ここには、いわゆる「テロリズム集団」による暴力行為だけではなく、権力者や政府が行う「国家テロ」も含まれます。私たちは、市民として、こうしたテロとテロリズム全体と対決しているのではないでしょうか。

ですから、「テロの脅威」におびえて、共謀罪などを用いた国家による人権制限に従うことは、実は「テロ対策」を語る「国家のテロリズム」（国家がしかける恐怖政治）に屈するということを意味します。共謀罪こそ、テロリズムの思想の産物なのです。

そうではなく、私たちが、本当の意味で「テロに屈しない」ためには、自由・民主主義・平和を求める市民として、全世界の人々としっかりと手をたずさえることで、「テロ集団」のテロにも、国家による恐怖政治にもＮＯを唱えつづけ、その輪を広げていくことが必要です。平和的生存権は、そうした「テロに屈しない社会・世界」にとって大切な柱なのです。

■第3章■

治安維持法と共謀罪

——内心の自由を奪い、戦争へ

山田敬《たか》男《お》
（現代史研究者・労働者教育協会会長）

はじめに

これまでの説明で、共謀罪が、内心の自由や人権を奪う治安立法であり、安倍内閣が進める「海外で戦争する国」づくりの一環として極めて重要な意味を持っていることがあきらかにされています。この間の、特定秘密保護法、安保関連法＝戦争法などと一体になって、戦争推進体制がつくられようとしているのです。

日本が「海外で戦争する国」になるには、メディアや教育を通じて国民を誘導するとともに、戦争に反対する諸勢力を押さえつける治安立法が必要です。共謀罪は、内心の自由を取り締まるものであり、戦後、日本国憲法のもとで実現できなかったことです。まさに戦後の治安立法の転換をもたらすものであり、戦前の治安維持法がそれまでの治安立法を転換させ、内心に介入し、思想・信条の自由と人権を圧殺したことと共通しています。その意味で、現代の治安維持法と言われるのです。ただ、戦後七〇年もたっていますので、治安維持法の現代版と言われても、治安維持法とは何であったのか、どのような役割を果たしたのかがよくわからないという声が聞かれます。本章では、戦前の治安立法の中核にあった治安維持法とは何であり、どのような意味を持っていたのかを検討し、歴史から何を学ぶかを考えてみたいと思います。

1　治安維持法の成立

(1)　治安警察法の成立

戦前の日本で、本格的な治安立法は、1900年の治安警察法から始まります。それまでも、自由民権運動を押さえるために、出版条例、新聞紙条例、集会条例、保安条例などがありましたが、労働運動や社会主義運動の登場という新しい社会問題に対応して治安警察法が制定されたのです。治安警察法では、結社や集会、屋外行動の届け出制（1～4条）、安寧秩序を理由とする警察官による集会の禁止、解散権、内務大臣の結社禁止権（8条）、秘密結社の禁止（14条）、労働組合の事実上の禁止（17条）、などが規定されていました。この治安警察法によって、生まれたばかりの労働組合運動が壊滅的弾圧を受け、日本で最初の社会主義政党である社会民主党が解散（1901年）させられます。

さらに、明治天皇暗殺容疑をでっちあげ、無政府主義者が逮捕され、1911年に12名が死刑になるという「大逆事件」が起きると、警視庁に特高警察（特別高等警察）＝政治警察が創設されます。

(2) 治安維持法の成立＝治安対策の転換

治安維持法が成立したのは1925年です。「大正デモクラシー」が要求していた普通選挙法と抱き合わせで成立しました。治安維持法の成立は、治安警察法などのそれまでの治安対策と質が違っていました。その中身は、「国体ヲ変革シ又ハ私有財産制度ヲ否認スルコトヲ目的トシテ結社ヲ組織シ又ハ情ヲ知リテ之ニ加入シタル者ハ十年以下ノ懲役ニ処ス」と明記されているように、「国体」＝天皇制の変革や私有財産制の否認＝社会主義の実現を目的とする結社を組織したり、結社に加入したりする者が10年以下の懲役とされたのです。また、その未遂罪、その目的の実行のための協議、扇動、そのための金銭その他の供与も重罪（10年ないし7年、さらに5年以下の懲役）とされました。

このように、治安警察法は政治活動の具体的な行為を取り締まりの対象にしていたのですが、治安維持法は「国体」＝天皇制や私有財産制度の変革を目的とする結社を認めないのですから、「国体」や私有財産制度の否認という考え方＝思想それ自体を犯罪として取り締まることを目的にしていました。その活動のための「協議、扇動、そのための金銭その他の供与」も処罰されます。まさに、内心の自由、思想の自由を認めない治安立法です。

また、治安警察法では、結社の禁止処分は行政処分であり、罰則ではありません。さらに、最も重い秘密結社罪が禁固6ヵ月から1年でした。ですから治安維持法がいかに重刑であるかがわかります。

これらの点で、治安警察法と治安維持法は決定的に異なっており、治安対策の大きな転換がなされたのです。どうしてこのような転換が行われたのでしょうか。

それは、第一次世界大戦（1914―18年）の渦中にロシア革命（17年）が勃発し、その影響で日本の労働運動と社会主義運動が復活したことにあります。とくに1922年7月、「君主制の廃止」「一八歳以上のすべての男女にたいする普通選挙権」などを掲げる日本共産党が非合法に結成されたことは、支配層に大きな危機感を与えました。それだけでなく、１９２２年に部落解放を要求する全国水平社、最初の農民の全国組織である日本農民組合が結成されます。さらに、20年に婦人参政権をめざす新婦人協会、21年に社会主義女性組織の赤瀾会《せきらんかい》が結成されていました。こうした共産党の成立や民主的諸勢力による社会運動の全国的高揚という新しい状況に見合う新しい治安対策が、支配層にとって必要になっていたのです。

（3）治安維持法の本格的適用と緊急勅令による改悪

治安維持法は、28年に天皇の緊急勅令によって改悪されます。最初の改悪です。主な内容は、第一に、「国体」と「私有財産制度」を区別し、「国体」の変革を目的とする結社の「役員其ノ他指導者」を「死刑又ハ無期若ハ五年以上ノ懲役若ハ禁固」にし、死刑と無期懲役が導入されたことです。第二に、「結社ノ目的遂行ノ為ニスル行為ヲ為シタル者」に刑罰を科すことにしたのです。党員でなくても、積極的支持者でなくても、「国体」の変革をめざす結社を助ける行為をしたと権力側が一方的に判断すれば、誰でも治安維持法で罰せられることになります。その後、このいわゆる「目的遂行罪」が悪用され、治安維持法の適用範囲が広がり、国民の自由が奪われていくことになります。

どうしてこのような改悪が行われたかと言えば、共産党を弾圧（23年の第一次共産党事件など）によって潰したと思っていたのに再建され、大衆的運動を開始したからです。１９２７年には「日本問題に関する決議」（二七年テーゼ）という綱領的方針が決定され、「大衆的共産党」の建設がめざされます。そして当面の変革が「日本国家の民主主義化、君主制の廃止」にあることを明確にし、これに基づき、28年2月に中央機関紙として「赤旗《せっき》」を発刊し、同月に行われた日本で最初の普通選挙に合法無産政党から11名の党員を立候補させせました。衝撃を受けた日本政府は、3月15日、全国各地で共産党員とその支持者の一斉検挙を行いました（三・一五事件）。治安維持法の本格的適用による大弾圧でした。弾圧が続き、翌年4月16日にも全国一斉検挙が行われます（四・一六事件）。こうした弾圧の必要性から改悪が行われたのです。

2　猛威を振るった治安維持法

(1)「満州事変」から日中全面戦争へ

こうした国内での弾圧を強化しながら、1930年代になると、日本は中国への本格的な侵略戦争を開始します。1931年の「満州事変」を起点に、37年の日中全面戦争、41年のアジア太平洋戦争、そして45年の敗戦と足かけ15年の侵略戦争になります。この戦争を推進するには、国民を戦争に動員する国家体制の構築が必要であり、そのためにも戦争に反対する諸勢力を壊滅させなければなりませんでした。治安維持法による弾圧が猛威を振るいます。

(2) 治安維持法の拡大適用＝国民各層の人権を蹂躙

最初に、侵略戦争に徹底して反対している共産党を壊滅させる治安維持法による弾圧が激しくなります。とくに1931～33年にかけての弾圧は厳しく、なかでも33年はピークでした。治安維持法による検挙者数は、31年が11250人、33年が18397人に及びます。検挙された党員や支持者の取り調べは残酷であり、拷問によって多くの党員が殺されます。32年には党中央委員上田茂樹が逮捕され、その後、行方不明になり、同じく中央委員の岩田義道は逮捕された4日後に、拷問で虐殺されます。33年には、作家の小林多喜二が逮捕された7時間後に、すさまじい拷問で虐殺されます。また経済学者で党活動を行っていた野呂栄太郎がスパイの手引きで逮捕され、激しい拷問で体調を崩し、翌34年に死去します。さらに、33年に中央委員宮本顕治が、35年に最後の中央委員であった袴田里見が逮捕され、中央委員会が壊滅状態になりました。

共産党の弾圧に続いて、自由主義的民主主義的な文化運動への弾圧が強化されます。37年11月、京都で新村猛、真下信一、中井正一、武谷三男などが出していた雑誌『世界文化』、週刊誌『土曜日』、京大の学生が出していた雑誌『学生評論』が弾圧を受け、関係者7名が治安維持法違反で検挙されます。

弾圧は拡大され、社会民主主義への弾圧が強化されます。日中全面戦争が始まると、鈴木茂三郎等の日本無産党やその支持団体である日本労働組合全国評議会（全評）が弾圧を受け、１３００人が逮捕され、結社を禁止されます。翌38年には労農派に協力したという理由で大内兵衛、美濃部亮吉等「学者グループ」が検挙され、教職を追われました。この社会民主主義、労農派を弾圧する理由は、彼らの運動が「究極に於いて」、「国体」の変革になるというものでした。

治安維持法の拡大適応による弾圧は、新興宗教団体にまで及ぶことになります。１９３５年12月、皇道大本教団への大弾圧が行われました。全国で信徒約三千名が検挙され、二代目教主出口すみ、出口王仁三郎等幹部62名が国体変革を目的として結社を組織し、政権奪取の陰謀を企てたと治安維持法違反、不敬罪で起訴さ

治安維持法違反検挙・起訴者数

年次	検挙者数	起訴者数
1928年	3,967	525
1929年	5,308	339
1930年	6,877	461
1931年	11,250	309
1932年	16,075	646
1933年	18,397	1,285
1934年	5,947	496
1935年	1,886	114

清水誠「治安維持法と裁判」『戒能通孝還暦記念論文集』による

れます。さらに、36年9月、ひとのみち教団（PL教団の前身）を邪教として弾圧し、教団幹部を不敬罪、治安維持法違反で起訴し、教団を解散させます。翌37年には、権力に迎合する仏教の革新運動を起こした新興仏教青年同盟が弾圧され、リーダーの妹尾義郎、壬生照順等が治安維持法違反で起訴されます。さらに、38年には、ほんみち教や天理本道が、43年には創価学会が不敬罪、治安維持法違反で弾圧されます。そして38年には、キリスト教系の日本燈台社が治安維持法違反で摘発されます。

このように、戦争の拡大のなかで、共産党、自由主義者、社会民主主義者、宗教者と国民各層の人権が蹂躙され、思想信条の自由が治安維持法によって圧殺されたのです。

（3）「転向」や保護観察

28年の三・一五事件以来、特高警察の暴力とともに、被疑者、被告人を転向させる政策がとられます。それを推進したのは司法官僚、思想犯を扱う検事＝「思想検事」でした。１９３０年代になると、転向と結びつけた不起訴、起訴猶予の処分＝起訴留保処分が採用されます。起訴留保処分になると、身元引受人（保護者、親族、学校教職員など）による視察＝保護観察が行われ、日常生活が監視されることになります。こうした起訴留保処分の運用によって、30年代に大量の転向者が生まれました。

さらに、日中戦争が始まる前年の36年、思想犯保護観察法が成立します。治安維持法違反者で転向した者が再び「罪」を犯さぬよう、起訴猶予者、執行猶予者、仮釈放者、刑期を終わって釈放された者を「保護観察」するというのです。そしてこの「保護観察」で完全な「転向者」に仕上げることを目指していました。当時の司法省保護課長の森山武市朗は、「マルクス主義を批判する」だけでなく、「完全に日本精神を理解」し、「日本精神を体得して、実践躬行《きゅうこう》の域に到達せる者」と転向の基準を厳しく規定していたのです。当局に転向したと認められれば、「保護観察」処分は解除されますが、そうでなければ「保護観察」が更新されていきます（荻野富士夫『思想検事』岩波新書、参照）。こうして、日本社会が完全な監視社会になり、この中で、日中全面戦争が推進されたのです。

3　1941年の新治安維持法

(1) 治安維持法の全面改定とアジア太平洋戦争

日中戦争が長期化し、泥沼化するなかで、事態を打開するために日本軍は東南アジアに侵攻し、米英との矛盾を激しくします。その結果、41年12月8日、アジア太平洋戦争が勃発します。この戦争を推進するために40年10月、大政翼賛会が発足します。すべての政党が解散され、国民全体が侵略戦争に協力することになります。

この翼賛体制を支えるために、41年3月、治安維持法が全面的に変えられます。三回目の改悪です。事実上、新しい治安維持法の成立でした。その特徴は、第一に罰則の一層の強化です。「国体」の変革を目的とする結社の支援団体、準備結社、集団、個人などあらゆる領域での罰則の強化であり、思想取り締まりの改悪でした。

第二に、刑事手続きの改悪です。裁判所の令状無しで検事の権限で被疑者の召喚、拘引、勾留を可能にする、弁護士を司法大臣の指定する弁護士の中から二名以内に限る、三審制をやめて、控訴を認めず、一審と大審院の二審制に変えるなど普通の刑事訴訟法とは違う特例にしたのです。

第三に、「予防拘禁」制度を導入したことです。治安維持法違反で刑に処され、満期出獄する者、保護観察中で再犯の恐れがあるとされた者などが予防のために拘禁所に拘禁されることになります。

予防拘禁期間は二年とされていますが、裁判所の更新決定でいつまでも拘禁可能になります。徳田球一など非転向の共産党幹部は41年中に刑期満了の予定でしたが、この結果、無期限に拘禁されることになったのです。

(2)「横浜事件」

治安維持法は、戦争末期に最大規模の人権抑圧と言論弾圧のフレームアップ(でっちあげ)事件を引き起こしました。経済学者細川嘉六が雑誌『改造』の42年8、9月号に掲載した論文「世界史の動向と日本」が共産主義的でソ連を賛美し、政府のアジア政策を批判するものとして発売を禁止されます。内閣情報部の事前検閲を通過していたにもかかわらず、陸軍報道部の横やりがあったのです。やがて、細川は検挙されます。これをきっかけに、細川の関係者が次々と逮捕されますが、その一人の所持品から細川の郷里である富山県泊町の旅館でくつろぐ浴衣姿の男7名が写る写真が発見されます。神奈川県特高課は、これを〝共産党再建のための会合(泊会議)である〟とでっち上げ、出席者を次々と逮捕し、これらの人々の仕事関係、友人関係に検挙を拡大していきます。さらに、滞米11年の後帰国し、世界経済調査会に勤務していた川田寿・定子夫妻がアメリカ共産党と関係ありとして逮捕されます。さらに、細川が講師をしていた昭和塾関係者も検挙されます。これらの事件を口実に雑誌『改造』『中央公論』が廃刊に追い込まれました。

神奈川県特高課の取り調べは、ありもしない日本共産党再建を認めさせるために、野蛮で非人間的な拷問の限りを尽くします。「小林多喜二はどうして死んだか知っているか」とわめきながら暴行を加え、川田定子さんには女性として堪えられざる「はずかしめ」を与える拷問を加えました。人間として絶対に許すことができません。こうして特高がでっち上げた無実の罪によって、雑誌編集者や調査研究所員など60余名が検挙され、拷問によって、４名が獄死し、１名は仮釈放後に死亡しています。敗戦直後に多くの人に治安維持法違反の有罪判決が下されていますが（45年８～９月）、その記録は当局によって焼却されています。

4　治安維持法体制の解体とその後

（1）敗戦と「人権指令」（1945年10月4日）

１９４５年８月、日本は「ポツダム宣言」を受諾して降伏します。敗戦によって、日本は連合軍（事実上は米軍）の占領下に置かれることになります。そしてこの占領期に、戦後改革が行われ、軍国主義が解体され、日本国憲法が成立しました。

日本の民主化を条件とする「ポツダム宣言」を受諾して降伏したにもかかわらず、日本の旧支配層は、「国体護持は帝国最後の一線」と天皇制を守ることに全力をあげます。８月17日に成立した皇族内閣東久邇内閣は、「一億総懺悔《そうざんげ》」といって、国民に敗戦の責任を求め、天皇の戦争責任をあいまいにするために必死になっていました。民主化が避けられなくなっているにもかかわらず、治安維持法で天皇制を守ろうとしたのです。山崎巌内相は、10月３日、ロイター通信の東京特派員との記者会見で「思想取締の秘密警察は現在なお活動を続けており、反皇室宣伝を行う共産主義者は容赦なく逮捕する」「天皇制廃止を主張するものはすべて共産主義者と考え、治安維持法によって逮捕される」と語っていました。

事実、治安維持法で捕まっていた政治犯の一人である哲学者の三木清が９月26日に獄中で死亡します。戦争が終わって一ヵ月以上を過ぎているにもかかわらず、獄死したのです。

この中で、10月4日、連合軍総司令部は、「政治的民事的及宗教的自由に対する制限の撤廃に関する覚書」、いわゆる「人権指令」を日本政府に示します。これには治安維持法、治安警察法などの弾圧法規の廃止、政治犯の釈放、特高警察などの全員の罷免が指示されていました。この「人権指令」に衝撃を受けた東久邇内閣は、10月5日に退陣を余儀なくされます。こうして、1925年の成立以来、20年の間、天皇制軍国主義を支えていた治安維持法体制が崩壊し、約三千人の政治犯が釈放されます。

（2）戦後の治安体制と歴史の岐路

日本国憲法が、46年11月3日公布され、翌47年5月3日に施行されました。国民主権、基本的人権、平和主義を原則とする民主主義憲法で、明治憲法からの根本的転換です。国民の人権を抑圧し、思想信条の自由を侵す治安立法は否定されることになります。

ところが、1948年を画期として、冷戦が激しくなるなかで、占領政策が転換し、日本を反共の防壁として復活させる方向が強まります。その中で、48年7月、福井市で初めて公安条例が公布されます。集団行動が公安委員会の許可または事前の届けが必要になり、必要な取り締まりの権限が警察機関に与えられることになります。福井市を皮切りに全国の自治体に波及します。49年4月、「暴力主義的及び反民主主義的」な政党や団体の取り締まりを目的とするポツダム政令の団体等規正令（団規令）が公布されます。そして、この団規令は、52年の講和条約発効後、破壊活動防止法（破防法）に引き継がれていきます。破防法は、暴力主義的破壊を行う団体に解散を含む規制措置とその違反者に刑罰を定めて公共の安全確保にあたるというもので、規制に関する調査や処分は同時に発足した公安調査庁が行うことになります。また、講和条約締結前に追放解除が行われ、旧特高警察関係者が「公安警察」部門に復帰し、「公安警察」が整備されます。51年には「思想検察」を受け継ぐ「公安検察」が設置されました。そして、52年、破防法が成立し、秘密警察ともいえる公安調査庁が発足したのです。戦前の治安維持法体制に変わる戦後の治安体制が成立しました（荻野富士夫『特高警察』岩波新書、参照）。

しかし、戦後の治安体制の成立は戦前の治安維持法体制の復活にはなりませんでした。現憲法の存在とその下での広範な社会運動の高揚がそのような復活を阻止してきたのです。〝オイコラ警察〟の復活を目指した１９５８年の警察官職務執行法の改悪や61年の「政治的暴力行為防止法案」は反対運動の高揚で挫折します。その後も、政党法の制定や三度にわたる共謀罪制定の企みは実現していません。現憲法に基づく戦後民主主義の存在が治安立法体制の構築を制約してきたのです。

ところが、現在状況が大きく変わっています。安倍内閣が登場し、〝戦後レジーム〟の打破を叫び、憲法を変えて日本を「海外で戦争する国」に変えようとしています。すでに特定秘密保護法（２０１３年）、安保関連法（２０１５年）が強行されています。そしていま、四度目の共謀罪なのです。共謀罪は、犯罪行為だけでなくその協議、合意など内心を犯罪として取り締まるというものであり、これまでの戦後の治安立法と質が違います。この点では戦前の治安維持法と共通しています。まさに現代の治安維持法というべき性格を持っています。治安維持法が翼賛体制を支え、日本国民を「十五年戦争」の悲劇に引きずり込んだように、共謀罪は、憲法を変え日本を「戦争する国」に転換させていく上で危険な役割をはたそうとしています。私たちは歴史の悲劇を絶対に繰り返してはならない重大な岐路に立たされています。

■第4章■

「テロとの闘い」で アメリカの人権はどうなったのか

鈴木亜英《つぐひで》
（弁護士・日本国民救援会会長）

1　9・11にはじまった「テロとの闘い」

アメリカの国内線航空機4機が一度にハイジャックされ、そのうちの2機が貿易センタービルに、もう1機が国防総省のペンタゴンビルに激突し三千名を超える死者を出したのは、2001年9月11日のことでした。その後「9・11」と呼びならわされたこの同時多発テロ事件は全米を恐怖に陥れただけでなく、世界を震撼させるに十分でした。

私はこの事件から1カ月もたたない10月8日ロサンゼルス空港に、所属する自由法曹団の仲間と共に降り立ちました。この9・11を契機としたアメリカの人権侵害と果敢に闘うことになったアメリカの進歩的法律家団体「ナショナル・ロイヤーズギルド」の定期総会に参加するためでした。至るところに星条旗が翻り、人々の興奮は未だ冷めやらず、空港も町中も総気だった雰囲気のなかにありました。

事件直後に、ジョージ・ブッシュ大統領は、怒りのあまり「これは戦争だ」と口走り、以後この9・11を戦争と位置付け、「テロとの闘い」に突入しました。ブッシュ大統領は大統領権限を拡大させながら、法の支配の否定と暴力の行使を容認する社会へと舵取りをしてゆきます。

9・11から、すでに15年余りが経過しました。「テロとの闘い」の渦中で自由と民主主義を標榜してきたアメリカの人権はいったいどうなったのかを概観します。

2　ブッシュ大統領の「対テロ戦争」戦略とは何か

ブッシュ大統領はあらゆる軍事力の行使の権限を大統領に付与するとする9月14日のアメリカ議会の特別議決に後押しされて、「テロとの闘い」を地球規模の「対テロ戦争」とする戦略目標を掲げました。敵は全世界の「テロリズム」であるとしたことから、どこにいるか分からない無数の個人や政治集団と敵対しなければならなくなりました。このためテロリストとの闘いではやられる前にやるという先制攻撃は不可欠のものとなりました。テロリストの根絶などはもともと不可能であったことから、この「対テロ戦争」は地球規模の、無期限の戦争と位置付けざるを得ませんでした。

アメリカの大統領制は日本の議院内閣制とは異なり、大統領ひとりにすべての執行権が集中し、外交、軍事、内政、立法、任免のすべての権限を大統領が掌握しています。ベトナム戦争時代ニクソン大統領の下でこの大統領権限の肥大化現象が国内外において問題となりました。「対テロ戦争」の戦略目標はおのずからこの大統領権限の一層の強化を呼ぶものとなりました。それをさらに可能としたのが悪名高い愛国者法です。大統領権限の強化と愛国者法は車の両輪となって、アメリカを人権侵害常態化の社会へと向かわせました。当然の結果として政治構造としては立法機能及び司法機能の後退を招き、そのなかで、戦場で捕獲された相手国の兵士だけでなく、イスラム系市民をはじめ、一般の国民の人権まで抑圧され、侵害されました。

3 収容所における被収容者に対する暴虐

(1) キューバ・グアンタナモ基地での無法

キューバのグアンタナモ湾に面して米海軍基地があります。

2001年暮から対テロ戦争で米軍によって世界中で拘束された者が次々と基地内のキャンプに収容され、その数は約800名に及びました。被収容者はいずれもブッシュ大統領が9・11直後に法律上何の根拠もなしにつくり出した身柄拘束の新しいカテゴリーである〝不法敵戦闘員〟とされ拘束された者たちです。

ここには国内法も国際法もありませんでした。被収容者は無期限の拘禁と拷問に曝され、ジュネーブ条約によって受けうる「人道的待遇」はおろか、禁止された「捕虜を死に至らしめる行為」や「健康に重大な危険を及ぼす行為」等に日常的に晒され、死者を出す悲劇ともなりました。しかも、収容者の大半はその後の外部調査により、アルカイダとは無関係の村民や単なる犯罪人に過ぎないことが明らかにされたのです。

軍法のみが闊歩するこの治外法権区域はたびたび海外メディアからの批判の対象となりました。その後オバマ政権時代になって漸くその7割が釈放となりました。しかしこの収容施設の〝閉鎖〟を公約したオバマ大統領も共和党議員らの強い反対にあって、その実行は頓挫しました。違法な拘束を継続してきただけに、裁判にかけることもままならない250人にのぼる被収容者はそのままとなりました。

(2) イラクでの拷問・虐待から米国内イスラム系市民への抑圧へ

イラクにはアブグレイブ米軍刑務所があります。ここにおける虐待が衝撃的な写真をもってテレビ放映され、一気に世界の耳目を集めるところとなりました。同性間での性行為の強制、自慰行為の強要、犬をけしかけられ脅える囚人、米国人看守に性的虐待を受ける女性、多数の被拘禁の子どもたちへの性的凌辱などです。拷問を許したラムズフェルド国防長官への非難が集中しました。2006年8月には、アブグレイブ刑務所の被収容者は駐留米軍からイラク側に移管されましたが、虐待した兵士たちは軍法会議にかけられ厳しく処分されたにもかかわらず、この拷問を公然と許可したラムズフェルドの責任問題はうやむやにされました。

〝不法敵戦闘員〟と目され外国から連行されたイスラム系諸国の人々に対する拷問、虐待は、それだけに止まりませんでした。身柄拘束されたアルカイダ幹部を待っていたのは、裁判なしの処刑でした。

さらに、こうした無法はアメリカ国内にいるイスラム系の住民にも及び罪のないイスラム系市民がいわれのない扱いを受けることに繋がりました。そして、さらにそのことが、アメリカ市民に対する脅威ともなって、人権保障の基点ともいうべき政権分離、信教の自由、言論出版の自由、集会の自由及び請願権等を保障したアメリカ合衆国憲法修正第1条は軽視され歪曲されてゆくことになりました。

4　アメリカの政治と社会の変容

見えない敵との無限の闘いを〝戦略目標〟としたブッシュ政権は「テロリズム」を信奉しているかどうか、アメリカに敵意を抱いているかどうかなどと人々の心の内部にまで捜査の手を伸ばさざるを得なくなりました。ＦＢＩ捜査は令状なしの監視、調査、潜入、拘禁、拷問を日常化させました。予防と監視社会への突入です。結果はこれまでのアメリカの政治と社会を大きく変容させることになりました。

(1) 立法機関への挑戦

アメリカの民主政治はこれまで、抑制と均衡が機能する三権分立によって成り立っていました。しかし、9・11以後、危機にあっては大統領の下に結集すべし、それが愛国的な行動である——とする意識が蔓延し、これまでも批判のあった大統領権限の肥大化を急速に進めました。

「中央集権的執行権力」と呼ばれるこの戦時理論は9・11直後のアメリカ議会の「必要且つ適切な権限を全て大統領に付与する」という前述の「戦争宣言決議」に依拠していました。立法機関である議会と司法機関である裁判所のそれぞれの役割と機能を無視し、戦時大統領権限を楯にした執行権力を驀進させたのがブッシュ政治です。たとえばアメリカ憲法によれば上下両院で可決した法律案について、大統領は拒否権を発動することができることになっていますが、この場合、上下両院のうち先議の院の3分の2以上の多数をもって再可決した時は、拒否権は覆され法律が発効する仕組みになっています。ブッシュ大統領は拒否権という大統領に与えられた憲法上の権限は行使せず、可決した法律案には署名するものの、大統領は〝この法律には拘束されない〟という声明付きの署名でした。理由は成立した法律が大統領権限を侵害するからというものであり、軍最高司令官という立場からの立法機関への挑戦でした。

２００５年12月、ニューヨークタイムズ紙は、ブッシュ大統領が２００２年からアメリカ最大の諜報機関である国家安全保障局（ＮＳＡ）に対し、合衆国外国情報活動監視裁判所（ＦＩＳＣ）の許可命令を得ることなしに、合衆国市民に対し電子的盗聴監視を行う権限を与えていたことを暴露しました。議会が可決した「令状なし盗聴によって得た情報の使用を禁止する法律」をブッシュ大統領はこの声明付きの署名を附して従わず、盗聴を中止することはありませんでした。声明付きの署名の数は２００１年から８年間で約７５０の法律に及んだといいます。安全のためには市民的自由の犠牲は止むを得ないというブッシュ政権の無思慮が三権のバランスを危ういものにしたのです。

(2) 司法権の否定

当時のラムズフェルド司法長官はグアンタナモ基地や海外の秘密収容所に収容されたイラク戦場などの捕虜に対する拷問を許可しました。この拷問はテロ戦争に勝ち抜くための先制攻撃の一環であるとされましたが、これと並ぶ強引な拉致や無期限の隔離はそれが明らかになるにつれ、アメリカの国内外からの強い批判にさらされることになりました。

アメリカ憲法には身柄の適法性を裁判所に問うことのできるヘイビアスコーパスと呼ばれる「人身保護令状」請求権制度があります。しかし、グアンタナモ基地収容の不法敵戦闘員にはこれを認めないとする見解に固執しました。連邦最高裁が三度にわたり、この見解を否定したにもかかわらず、ブッシュ政権はこれを変えようとはしませんでした。適正手続条項をはじめアメリカ社会が長年にわたって築き上げた人権確保の理念に対する顕わな拒絶と云わざるを得ません。

5　愛国者法による人権侵害

(1) 混乱の中で制定された「愛国者法」

9・11から一カ月も経たない10月、「この間にまたテロが起きたら、議会の責任だ」とするアシュクロフト司法長官の恫喝におののいたアメリカの議会が法案をろくに読まないままに成立させたのが愛国者法です。私たちのアメリカ滞在中の出来事です。

以後、愛国者法はイスラム系移民に対する抑圧と、反戦的な集会やデモを対象に猛威を振るうことになりました。何よりも「テロリズム」「テロリスト」が何を意味するかが不明確なまま、強力な捜査権限のターゲットになったのが、いうまでもなく広範な市民と組織でした。

国務長官は外国テロリスト組織《FTO》を指定することができるとされましたが、FTOとは「あらゆる外国の非政府組織でその目的実現のために暴力を行使するか暴力の威嚇を行う組織で、合衆国の国益を脅かす組織」とされ、このFTOに物質的援助又は資金提供する行為を愛国者法は「国際テロリズム行為」として処罰するものです。アルカイダをはじめ40余りの組織がこのFTOに指定されたといわれます。それが

市民団体のメンバーを妨害する警官隊（ピッツバーグにて、2009年）ナショナル・ロイヤーズギルド報告書（2010年）より

たとえ人道的活動に対するものでも物質的援助は国際テロリズム行為とされ、イスラム系団体に対するカンパを含め人道援助の多くが愛国者法違反として捜査の対象となったのです。

２００３年10月のことです。私たちがミネソタ州ミネアポリスに滞在中、愛国者法の嫌疑をかけられ、弁護士に助けを求めてきたソマリア人と面談する機会がありました。イスラム系のソマリア人コミュニティの世話役だというだけがその嫌疑でした。９・11の後、このコミュニティーから数百人が姿を消したとのことでした。このようにイスラム系移民に対するアメリカ社会の憎悪は、アメリカ国籍を有しない外国人に対する身辺捜査や国外追放を容易にしました。身柄拘束は司法審査などを要せず、しかも特定犯罪の嫌疑も不要でした。

(2) テロ対策の名で市民団体をスパイ

愛国者法のもうひとつの対象は「国内テロリズム行為」です。定義は「人の生命に脅威を与える行為で脅迫、強要により政府の政策に影響を与えると思われる行為」だと云うのですが、あまりにも掴みどころのない定義です。グリーンピースのようなアメリカ社会に市民権を得た権利擁護団体すらその例外とは言えなかったのです。

カルフォルニア州フレスノで２００３年9月に起きた事件を紹介します。ある日地方新聞に交通事故の死亡記事が載りました。その顔写真がある平和団体の一員の目に留まりました。それは昨日まで、その平和団体の一員として活動していたAという名の男でした。しかし、新聞に載った男の名はKという連邦職員でした。Aは偽名でした。スパイを抱えていたことが判明したのです。

犯罪の嫌疑なしに憲法上の人権に関わる個人やグループに接触し、潜入する監視やスパイはアメリカでは後を絶ちません。この事件はひょんなことから発覚したレアケースですが、これはほんの氷山の一角に過ぎないのです。ワシントンＤＣでは短期間のうちに、２万人以上の組織や個人がＦＢＩのこうした違法スパイ活動に反対する陳情の署名を集め、いくつもの裁判が提起され、事実が次々と暴露されるなど成果を上げました。ワシントンポスト紙はニューヨークやコロラドなどでの同様の「潜入」行為を曝露しています。

９・11事件の直後、「テロ対策」として連邦議会で全国民にＩＤカードを携帯させる法案が議論されたことがあります。しかし、自由人権協会など人権諸団体が自由を死滅させる「安全」対策だと猛反対し、法案を廃案に追い込みました。「安全」を名目にアメリカ市民が大切にする自由が剥奪されることになる監視社会に対するアメリカ市民の抵抗がここに示されています。

愛国者法はこのようにテロ対策最優先社会を築き、市民の人権を抹殺しました。その一例を紹介します。まず、移民をはじめとする市民権のない在住市民が狙われました。僅かな容疑でも、司法長官は投獄、勾留を躊躇しませんでした。そして、テロのあるなしに関わらず、連邦政府の権限行使をすべての市民に対して拡大しました。またＦＢＩはあらゆる情報機関と連携しながら、図書館の閲覧記録を調査し、市民の読書傾向などのセンシティブ情報にも接近したり、病院において精神医療情報を入手しようとするなど司法審査なしの権限を膨脹させました。令状なしの盗聴、調査目的を告げない違法な立ち入りが横行し、捜査に名を借りた諜報活動が堂々と罷り通りました。こうした諜報活動のなかでこれまで度々批判の対象とされてきたＣＩＡも息を吹き返し復権の道を歩んだのです。

6　オバマ政権は人権侵害社会を修復できたか

バラク・オバマは２００９年1月、人権政策を掲げて大統領として登場しました。ブッシュ政権は末期が近づくにつれ、「テロとの闘い」に名を借りた人権侵害が非難の対象となっていました。拷問や迫害を非難する議会報告書やマスコミの告発は、アメリカ憲法や刑事司法の原則に違反し、拷問禁止条約等の国際規範に大きく離反した数々のこうした虐待を明らかにしました。調査と訴追を求める世論は大きく高まっていました。

オバマ大統領の掲げた「チェンジ」はここにこそ発揮されるべきでした。グアンタナモ収容所の〝閉鎖〟を耳にした誰もが8年間にわたるブッシュの暴虐は終焉を迎えるのだと期待しました。

しかし、オバマ政権は、圧倒的多数の世論の後押しにもかかわらず、グアンタナモ収容所などの目を覆う虐待の調査には及び腰に終始しました。拷問や拉致の被害者がアメリカ政府に対する賠償を求める訴訟に対しても国家機密を楯に訴えの却下を求めるなど、ブッシュ政権時代の違法を咎めるどころか、むしろこれを覆い隠し、非人道的路線を継続しました。オバマ大統領の戦争政策はイラクからの段階的撤退とアフガニスタンへの兵力増派に現れているように、中東における新しい戦争を促しました。人権政策においては「テロとの闘い」というブッシュ元大統領の常套語は影をひそめたものの、愛国者法などブッシュ政権の人権侵害政策を根本的に転換するには至りませんでした。一度肥大化し、国内法も国際法も蹂躙することになった「対テロ戦争」政策の誤りを認めこれを正すことは容易ではないことを証明しています。

このように見てくると、トランプ大統領の入国禁止などにみられる、イスラム排除による分断政策はすでにブッシュ政権時代にその礎が築かれたとみてよいと思います。見えない敵との終りのない闘いという戦略を根本的に改めることなく、ブッシュ路線をそのまま踏襲することはさらなるテロの拡散を招き、一層の混迷に事態を導くことに繋がるといわなければなりません。

第5章　労働運動と共謀罪

小田川義和
（全国労働組合総連合　議長）

はじめに

「三度廃案になった共謀罪」と宣伝などでは言ってはいますが、過去の運動を十分に思い出せないことに気づきました。２００５年の第１６３通常国会から２００９年の第１７１回通常国会にかけて幾度となく採決強行の場面を迎えながら、衆議院解散で廃案にとなった三度目の攻防はもっと記憶に残っていても、と思うのですが記憶が不鮮明です。

全労連の「通達」文書で当たってみました。２００６年に教育基本法改悪反対や国民投票法制定反対、あるいは労働法制改悪反対のたたかいと一体で、共謀罪成立阻止の運動に取り組んでいた記録が出てきました。

第一次安倍内閣は、２００６年9月からの1年間です。三度目の共謀罪法案を提出したのは小泉内閣でしたが、〝戦後レジューム〟からの脱却を声高に主張する安倍内閣の発足で、教育基本法の大改悪などとも歩調をあわせ共謀罪への危機感が広がり、全労連としても重要課題として位置付けたのが２００６年だった、と通達文書を見て改めて思いました。

これまでの共謀罪の国会審議の経緯から考えても、４回目となる「共謀罪」法案の提出には安倍首相本人の並々ならぬ執念が込められている、との受け止めでたたかいを進めなければならない、と改めて決意しました。

と同時に、２００９年以前と比べた今の状況の違いを見ておくことの必要性も思います。

その一つは、安倍政権が、２０１３年12月に軍事をはじめとする安全保障関連の情報を国民から遠ざけるための特定秘密保護法を強行し、２０１６年５月には一般市民や団体の活動を警察が盗聴できる刑事訴訟法の改悪が強行されていることです。

内心の自由に手錠をかける共謀罪自体が大問題ですが、それが成立すれば特定秘密保護法や「盗

■安倍・自民党は何をしてきたのか

2006年	9/26	第1次安倍内閣発足
	12/15	教育基本法改悪
2007年	1/9	「防衛庁」を「防衛省」へ昇格
	4/17	「安保法制懇」設置
	5/14	「改憲手続き法（国民投票法）」
	9/26	安倍内閣総辞職 （福田内閣→麻生内閣）
2009年	8/30	総選挙で自民、公明が敗北 （民主党連立政権・鳩山内閣→菅内閣 ↓野田内閣）
2012年	4/27	自民党「憲法改正草案」決定
	9/26	安倍、再度自民党総裁に
	12/16	衆議院総選挙で自民党勝利
	12/26	第2次安倍内閣発足
2013年	2/8	「安保法制懇」再開
	3/20	日銀総裁を黒田東彦に
	8/8	内閣法制局長官を小松一郎に
	11/26	「国家安全保障会議設置法」
	12/6	「特定秘密保護法」強行成立
2014年	1/25	ＮＨＫ会長を籾井勝人に
	4/1	「防衛装備移転三原則」武器輸出容認
	4/11	原発推進のエネルギー計画閣議決定
	7/1	集団的自衛権行使容認・閣議決定
	12/14	総選挙・自公多数。安倍政権存続
2015年	4/27	新「日米ガイドライン」合意
	4/29	安倍首相・米国会で戦争法制定を約束
	5/14	安保法制＝戦争法案　閣議決定
	6/4	憲法学者3氏、国会で憲法違反と明言
	7/16	安保法制＝戦争法案　衆議院強行採決
	9/19	安保法制＝戦争法案　参議院強行採決
2016年	5/24	刑事訴訟法改悪（司法取引、盗聴拡大）

2011年３／11
東日本大震災
福島第１原発事故

聴法」と一体で、国家権力が国民を監視する「仕組み」が出来上がることの危険性、物言えぬ社会がそこまで来ていることへの危機感の共有が必要だと思います。

二つは、そのような国民を権力が監視する仕組みが、アメリカと一体で自衛隊が海外で武力を行使する戦争法体制として整備されることへの留意です。端的に言えば、「再びの戦前」が政治によってつくりだされようとしている、との情勢認識を持つことの大切さです。

その三つは、日本を「戦前」に引き戻そうとする安倍政権への危機感が市民に共有され、それに反対する市民運動が大きく前進していることに展望を見出すことです。

戦争法廃止を求める国会請願署名が実質半年で１３００万人をこえて集約され、16年7月の参議院選挙の一人区すべてで戦争法廃止、立憲主義回復、安倍政権打倒の一致点での共闘が成立したように、戦争する国への回帰を許さない統一戦線が形づくられてきています。

そのような市民運動と共謀罪創設反対の運動との連携は、すでに始まっています。戦争法廃止の運動を続けている総がかり行動実行委員会と、共謀罪ＮＯ！実行委員会が共同して統一署名を開始したことがその表れであり、共謀罪創設反対の市民運動が大きく前進する条件が生まれているのです。

1　労働組合が弾圧された時代があった

手元に、『若者は嵐に負けない』（杉浦正男著・学習の友社）という一冊があります。１９３０年代から45年までの間の出版労働者の運動に直接携わった著者の回顧録です

翼賛体制のもと、労働運動が壊滅させられる状況下で結成された「出版工クラブ」は、共同購入に

よる商品の購買や囲碁・将棋、演劇鑑賞などの娯楽などを目的にした親睦団体の形態で、労働者の会員化（組織化）を行っていました。

この出版工クラブの会合に、ときどき特高が「参加」していたこと、解散させられた労働組合の元組合員が会合すると特高によって解散させられたことなど、「二人よれば監視対象」という状況にあったことが生々しく記述されています。

そのような監視を可能にしたのが治安維持法であり、１９３１年の満州事変に始まる十五年戦争が激しくなるもとで、戦争への総動員体制を維持し続けるためにその悪法が猛威をふるった一端が紹介されています。

出版工クラブのピクニックでの集合写真
（1939年頃）　　　　提供、杉浦正男氏

著者は、１９４２年11月に検挙されます。その際の取り調べの状況を次のように書いています。

「連行する途中丁寧だった特高は、ひとたび神奈川警察に入るとがらりと態度を変えました。（中略）髪をつかんで引きずりまわし、樫の棒で膝を、竹刀では頭をうち、正坐させては膝を革靴で蹴とばし…」

七十年余り前の記録ですが、人々の心の中、内心が監視される社会では、労働運動はもとより、権力とのかかわりを持たない親睦会、官製ではない任意の団体も監視の対象にされること、物的証拠が少ないことから自白の強要が不可避なこと、など、共謀罪の怖さを考えさせられる内容です。

2　警察の監視と運動弾圧は、今も起きている

（1）割り勘の被災地視察で逮捕

「白タク行為　反原発運動家を送迎か　埼玉の市幹部を逮捕」（2017年1月18日・毎日新聞）との記事がありました。

インターネットを通じて福島県楢葉町への被災地視察ツアーを募集し、レンタカー代とガソリン代、高速料金の割り勘として4000円を徴収したことが、道路運送法に違反する「白タク行為」だとして逮捕されたものです。後日、埼玉地方検察庁は不起訴処分としましたが、埼玉県警が逮捕の不当性を認めたわけではありません。

この事件のポイントは二つだと思います。一つは、同様のツアーが継続、反復して行われていたこと、二つは逮捕者が新左翼系の活動家だと報道されていたことです。

共謀罪をめぐって政府は、「もともと正当な活動を行っていた団体も、目的が犯罪を実行する団体に一変したと認められえる場合は、組織的犯罪集団にあたる」（2017年2月17日、法務省文書回答）と述べ、一般人への共謀罪適用に道を開いています。

「白タク行為」を反復・継続し、かつ組織的に行っていたから微罪でも逮捕、という構図をその政府答弁と重ね合わせれば、警察がかなり自由に法を運用し、運動を狙い撃ちにする危険性を感じさせるものです。

（２）〝針金１本〟で５ヵ月拘留（沖縄・高江）

軽微な罪で逮捕され、長期間勾留される事件も現実に起きています。

沖縄・高江でのヘリパッド建設反対のたたかいを現地で支えていた活動家を、有刺鉄線１本を切ったとする器物損壊容疑で沖縄県警が逮捕したのは２０１６年10月17日でした。その後、公務執行妨害などの罪で再逮捕して、検察、地裁は拘留を延長し続け、５か月経過した２０１７年３月18日夜にようやく保釈しました（保釈金７００万円）。

軽微な犯罪での逮捕・拘留・起訴のくり返しは、権力による拘禁以外の何物でもありません。身体の自由を侵害する人権侵害であると同時に、名護市辺野古沖への米軍基地建設に反対して粘り強く闘っている沖縄県民への権力による恫喝であり、運動の萎縮効果を狙ったものにほかなりません。

事実としての犯罪行為を伴う場合ですら、そのような不当な逮捕、拘禁が行われるのが今の日本の現状です。いわんや、犯罪行為をおこなう前の合意を罪に問う共謀罪となれば、事実のねつ造や長期拘禁で、国の意に沿わない運動を弾圧することがより頻繁に行われることが危惧されます。

（３）警察が住民の個人情報を企業に提供

警察によって日常的に運動が監視されていることを明らかにした事件もあります。

岐阜県警大垣署が、風力発電所の建設に反対する住民運動にかかわる人物の過去の活動歴や弁護士への相談の事実などを調査し、発電所事業を計画した企業にその情報を渡していたことが、２０１４年７月24日の朝日新聞で報じられました。

この事件は、国会でも取り上げられました。日本共産党の山下芳生参議院議員の質問に対し山谷国家公安委員会委員長（当時）は、「（情報収集や企業との情報交換は）通常行われている警察業務の一環」

（２０１５年５月26日・参議院内閣委員会）と答弁しています。

今でさえ、この状態です。テロ組織や暴力行為を繰り返す恐れのある団体とはいえない一般の住民運動が警察の監視下に置かれているのです。共謀罪が創設されれば、「二人よれば共謀の恐れ」との口実で、市民社会の監視が強まる危険性は小さくありません。

（４）「密告」のススメ

明らかになってきている共謀罪の法案には、自首することで刑が減免される規定が盛り込まれるようです。「密告が推奨される監視社会」への変貌を危惧する向きは少なくありません。

参議院選挙直前の２０１６年６月25日から投票日後の７月18日まで、自民党のホームページに「学校教育における政治的中立性についての実態調査」なるものが掲載されました。「『子供たちを戦場に送るな』と主張し中立性を逸脱した教育を行う先生方がいる」として「政治的な中立性をいつ、どこで、だれが、何を、どのように行ったのかについて具体的に記入」するよう求めた内容でした。

投票年齢が18歳に引き下げられて初めての選挙がこの参議院議員選挙でしたが、その時に「政治的中立性」を口実に密告・監視を政権与党が呼びかけた異常さには驚きました。

市民社会からの批判にもかかわらず、そのような密告の呼びかけが選挙期間中を通じて行われていたことの抑圧効果は容易に想定されます。

密告・監視の社会と民主主義とは相いれないことを、如実に示した事例だと思います。

3　共謀罪、労働組合にとって何が問題か

(1) 本音の語り合いなくして運動は成り立たない

労働組合は、要求実現のために団結して、交渉などの団体行動をおこなう集団（組織）です。労働者個々人の基本的な権利として、そのような集団を形成し、自主的に行動を計画し、実施を保障することで、労働組合の力を十分に発揮することができます。

その団体行動には、ストライキを含む実力行使はもとより、デモ・パレードなどの示威行動、宣伝行動など多様であり、表現の自由などの市民的自由が実現してこその取り組みが中心です。

また、様々な意見や思想信条を有する労働者に、要求の一致点での行動への結集を呼びかけるには、あらゆる情報媒体を使うことが必要な集団でもあります。

要求実現のために、組合員同士が本音で語り合い、行動の具体的な内容について論議する過程では、時として過激な発言が行われたりすることは避けられません。上意下達で官僚的な組織運営の労働運動なら別ですが、自由がなければ民主的な労働運動は成り立ちません。

(2) 労働組合は監視される

そのような労働組合の原点から見るとき、政府が準備している「共謀罪」が万が一にも成立すれば、全労連運動の大変大きな制約になることは明らかです。

一つは、全労連はその綱領や規約で、労働者の人間としての尊厳を守り、平和と民主主義、社会進

歩をめざして運動することを明確にしています。ですから、大企業の成長の〝滴〟を労働者が享受するために運動するとか、企業の成長にためには武器製造や輸出も歓迎するとか、国際競争力の強化には軍隊が必要だとかの立場を取ることはありません。

そのような全労連の基本的な姿勢、立場を、労働者はもとより多くの市民の皆さんに知っていただくことは、運動の重要な柱です。

そのような立場は、今の政府が進める施策と異なる場合が少なくなく、必然的に政権批判や政策批判を伴う取り組みも行うことになります。

そのような取り組みを繰り返し、連続して行う集団が、政府による監視対象にならないはずがありません。隙あれば運動に介入、との姿勢を政府が示すだけで、全労連への忌避感が市民の中に広がることの悪影響も軽視することはできません。労働者が政府の意向を忖度《そんたく》し、危険な存在に近づかないようにする抑止効果が共謀罪にはあるように思います。

それは、全労連のような存在の基盤を壊しかねないほど危険なものです。

（3）労働組合が労働組合でなくなる

その二つは、密告の奨励の問題です。労働組合は、連帯と団結という言葉をよくつかうように、組合員相互の信頼に基礎を置く集団です。また、組合員間の意思の疎通と決定の民主化のために、情報の共有と要求、運動のオープンな決定は、民主的な運動のカギを握っています。

そのような運動の場に、277もの犯罪については、相談して合意し準備を開始しただけで罪に問われるという制約がかかれば、自由な論議は保障されません。誰かが密告するのでは、という疑心暗鬼の状態で、本気の論議ができる訳がありません。

結果として、運動が委縮し、閉鎖的になり、組合員と労働組合とがかい離してしまうことも考えられます。それは、労働組合が労働組合でなくなることになりかねない、戦前の労働運動壊滅の経過が教えてくれるところです。

おわりに

過去の共謀罪創設反対のたたかいと異なって、今回は全労連も総がかり行動実行委員会に参加する団体として早い段階から運動の先頭に立ち、市民運動との連携した取り組みの前進、発展に力を尽くしています。

東日本大震災も契機に広がってきた個別の運動課題での一点共闘に参加してきた経験やつながりを活かし、安倍政権打倒をめざす市民と野党の共闘の流れに共謀罪創設反対のたたかいを合流させ、国会の中と外をつないだ一大政治闘争に発展させる目的を確認して運動を開始したことも、これまでとは異なる構えです。

「再びの戦前」への危機感を共有して、力を寄せ合えば必ず共謀罪創設法案は4度目の廃案に追い込める、そのことを確信に、たたかいに全力をあげる決意です。

■第6章■

過去3回廃案に追い込んだ共謀罪反対のたたかい

鈴木　猛
（日本国民救援会事務局長）

安倍政権は、共謀罪を「テロ等準備罪」と名称を変え、その成立を狙っています。共謀罪は、過去3回国会に提出され、国民の反対運動でいずれも廃案になりました。

過去3回、どのような運動が展開されたのか、改めて振り返り、いまのたたかいに活かすことができれば幸いです。

1　これまでの共謀罪の経過

まず共謀罪をめぐるこれまでの経過を振り返ってみます。

■共謀罪、改憲、弾圧事件関連年表

年月	共謀罪関係	改憲・悪法・弾圧
2000年11月	国連総会で国際組織犯罪防止条約が採択	
2003年 1月	日本弁護士連合会が共謀罪の新設に反対する意見を表明	
3月	**●小泉政権が共謀罪法案を提出（1回目）**	
5月	国際組織犯罪防止条約を国会で承認	大分県豊後高田市で大石市議が逮捕（選挙弾圧大石事件）
6月	自由法曹団が声明「共謀罪の創設に断固反対する」	武力攻撃事態法など有事3法が成立
7月		イラク特別措置法が成立
9月	★安倍晋三氏、自民党幹事長に抜擢（～04年9月）	
10月	**審議入りを許さず、衆議院の解散により廃案**	
12月		自衛隊がイラクへ派兵
2004年 2月	**●小泉政権が共謀罪法案を提出（2回目）**	立川自衛隊官舎イラク派兵反対のビラ配布で逮捕
3月		堀越さんビラ配布で逮捕（国公法弾圧堀越事件）
5月		読売新聞が憲法改正2004年試案を発表
6月		「九条の会」が結成 国民保護法など有事7法が成立
12月		荒川さん逮捕（葛飾ビラ配布弾圧事件）
2005年 6月	衆議院法務委員会で審議入りを強行	
9月		宇治橋さん逮捕（世田谷国公法弾圧事件）
8月	**衆議院の解散により廃案**	
9月	総選挙（郵政選挙）で自民が圧勝、公明とあわせ与党が3分の2の議席獲得	
10月	**●小泉政権が共謀罪法案を提出（3回目）** **★安倍氏、第3次小泉（改造）内閣で官房長官（～06年9月）**	
11月	全労連・自由法曹団・国民救援会が緊急パンフレット発行	自民党が立党50周年記念大会で「新憲法草案」発表 国民保護法にもとづく全国初の実動訓練が福井で実施
2006年 4月	法務委員会での審議入り。同日、与党が修正案を提出。民主党が修正案を提出。	
5月	与党が再修正案を提出	
6月	与党、民主党修正案の受入れ（丸のみ）を発表。一方、法務大臣が民主党修正案では条約批准が不可能である旨表明。 民主党は委員会での採決を拒否。与野党間での協議は決裂し、与党は今国会での法案成立を断念。	
9月	**★第1次安倍内閣が発足。（～07年9月）**	
12月		教育基本法改悪
2007年 1月		防衛庁が防衛省に移行
2月	安倍首相の指示で、自民党小委員会は、共謀罪を「テロ等謀議罪」に改め、対象犯罪を減らすことを決定。しかし国会には提出されず。	
7月	参議院選挙で、自民党が大敗し、野党が過半数の議席を獲得	
2009年 7月	2007年、08年審議のないまま、**衆議院解散で廃案**	

以上の経過から、次の点が指摘できます。

(1) 安倍晋三氏が共謀罪制定の中心にいた

共謀罪の3回の上程に、安倍晋三氏は、自民党の幹事長、官房長官、首相と、いずれも中心的な位置で共謀罪の推進にあたっていました。共謀罪をめぐってもっとも激しくたたかわれた、2005年の審議入り強行から2007年までの間、安倍氏は官房長官と首相という立場で臨みました。

安倍首相にとって、「共謀罪」はまさに念願ともいえるものです。しかし、国民の大きな反対運動によって繰り返し廃案に追い込まれました。その経験から、安倍首相は「共謀罪」の成立に執念を燃やしながら、一方で難題であると考えているのではないでしょうか。それだけに、正面から提起するのではなく、「共謀罪ではない」「テロ対策だ」と、国民の目をごまかそうとしています。

(2) 「戦争をする国」づくりとのつながり

共謀罪がたたかわれていた時期は、有事立法、自衛隊のイラク派兵、憲法「改正」案など、再び日本が「戦争する国」へと大きく舵をきろうとしていた時期と重なります。

さらに、自衛隊官舎にイラク派兵に反対するビラを配布した市民が逮捕される事件が起き、検察官は「ピザ屋のビラとはわけが違う」と発言し、起訴にあたり政治的意図をもっていたことが明らかになりました。また、マンションに共産党のビラ等を配布していた荒川庸生さんが逮捕された葛飾ビラ配布弾圧事件、さらには国家公務員の堀越明男さんが長期間にわたり、尾行され、盗撮をされたうえで逮捕された国公法弾圧堀越事件や、同じく国家公務員の宇治橋眞一さんが逮捕された世田谷国公法弾圧事件が相次ぎ起き、「戦争する国」づくりに反対する言論活動を抑えようと弾圧が相次いだ時期でもありました。

2　共謀罪反対のたたかいの経過

２００３年3月の1回目の上程から、3回目が廃案になる２００９年7月までの6年余におよんだ共謀罪反対のたたかいは、いったいどのようにすすんだのか。その全体をまとめる力は、私にはないので、国民救援会の運動を中心に、機関紙「救援新聞」の記事を追いながら振り返ります。

◇２００３年

小泉政権は3月、共謀罪法案を提出。

国民救援会が初めて共謀罪の問題を指摘したのは、1回目の上程直後の２００３年6月15日号で発表した国民救援会第45回中央委員会の議案でした。「国際組織犯罪防止条約の締結に伴い、『組織的な犯罪の共謀罪』を新設する、刑法などの改悪が準備されています。その危険性を指摘し反対します」会員に対して本格的に共謀罪の問題を紹介したのは、8月15日号でした。日本弁護士連合会組織犯罪立法対策ワーキンググループ事務局長代行の海渡雄一弁護士のインタビュー「共謀罪の恐ろしさ」を1面分を使って紹介しています。

10月、衆議院の解散に伴い廃案。

◇２００４年

2月、小泉政権は再度、法案を提出。

具体的な運動は、この直後の4月でした。全労連、自由法曹団、国民救援会（以下、3団体）で、「住民運動も労働組合活動も、全部犯罪に？――知りたい！『共謀罪の危険な狙い』」と題した学習会を開催しました（しかし救援新聞では報道されておらず、いまだ運動にはなっていなかったようです）。署名運動は、秋から始まりました。

10月に「共謀罪に反対する市民の集い」が開かれ、これは盗聴法反対に一緒にとりくんできた市民団体と、共謀罪反対で一緒に開催した初めての集会でした。

◇2005年

3月、共謀罪新設に反対する国会請願デモが、自由法曹団など弁護士4団体の主催でおこなわれ140人が参加、「冗談も言えない共謀罪反対！」「話し合うことが罪になる共謀罪反対！」「盗聴法改悪に道を開く共謀罪反対！」とシュプレヒコールをあげました。

7月、「共謀罪に反対する超党派国会議員と市民の集い」を開き、民主党・松野信夫衆院議員、共産党・井上哲士参院議員、社民党・土井たか子衆院議員、無所属の国会議員や市民など170人が参加。このような超党派議員と市民が共同した運動が、この後さらに広がり、廃案への大きな力になりました。この間、国民救援会も独自に3回の国会議員要請を重ねました。

8月、衆議院の解散に伴い廃案。

9月の「郵政選挙」で圧勝し、与党で3分の2の議席を占めた小泉政権は共謀罪の成立をめざします。

10月4日、小泉政権が3度目の法案提出。

これを受けてとりくみが急速に広がります。上程日の4日には、「市民と議員の集い」が開かれ、民主、共産、社民の議員が決意表明。13日、日弁連が「緊急市民集会」を開催。16日、緊急街頭宣伝がおこなわれ、民主、共産、社民の議員が国民救援会の宣伝カーの上から訴えました。17日、「超党派議員と市民の集い」が開かれ、新聞労連、マスコミ関係者、市民団体など120人が集いました。18日、国民救援会が独自の議員要請。そして、24日には、銀座デモがおこなわれ、「居酒屋での会話も罪になる共謀罪反対！」のシュプレヒコールをあげました。

10月31日、第3次小泉改造内閣が発足、安倍晋三氏が官房長官に就任します。

◇2006年

救援新聞は、正月号（1月5日号）から「私も共謀罪に反対します」の連載をくみ、共謀罪の問題点がさまざまな立場から語られました。発言を紹介します。（以下太字は、救援新聞の見出し）

第1回：日本ペンクラブ言論表現委員会副委員長・篠田博之さん **「〝内心の自由〟侵す／民主主義社会の原則を忘却」**「いま国会内の勢力関係と社会における世論にはズレがあると思います。反対すべきものにきちんと反対すれば、与党圧勝であっても問題の法案を止めることができる」

第2回：日本弁護士連合会副会長・中村順英さん **「近代刑法に逆行／あうんの呼吸も共謀に」**「犯罪防止のために何を犠牲にするのか、真剣に議論されなくてはなりません。「テロ対策」なら何をやってもいいのか。街頭の監視カメラに集音マイクを取り付けて、常時警察が監視をし、怪しい会話があればすっ飛んで行く。それは「究極の安全な社会」かもしれませんけれど、私は真っ平ゴメンです。」

第3回：新聞労連委員長・美浦克教さん **「〝合法的〟弾圧！狙い／「新聞の危機」各紙が反対」**「共謀罪は、人間の精神の営みを処罰しようとするものです。したがって、言論・表現の自由と真っ向から対立するもので、とうてい容認できません。（注・立川自衛隊官舎ビラ事件の判決を例にあげ）刑法の恣意的運用がまかりとおっている中、法律の制度もほうも、実態に合わせて変えようとしているのが共謀罪の動きではないかと考えています。」

第4回：日本共産党参議院議員・井上哲士さん **「広がる憲法改悪とのたたかい／狙いは運動の抑圧」**「いま、憲法改悪の流れや、国民のくらし、権利への攻撃が強まっています。これに対して、さまざまな抵抗や異議を唱える運動が広がっています。そうした運動を抑えるために、警察が強力な手段を持ちたいという動きの一環だと思います。」

第5回：社会民主党衆議院議員・保坂展人さん **「〝目配せ〟も共謀罪に／反対の共同の輪を広げよう」**「戦前に引き戻されるようなことが起きる恐れがあります。戦前、治安維持法のなかでも猛威をふるったのは「目的遂行罪」です。「目的遂行罪」では、「国体の変革」をめざし実際に策謀するのではなく、心の中で考えたことが処罰されました。当初は共産党が監視や検挙の対象になっていましたが、対象もだんだん広がり、「戦争に負けるぞ」と話しただけで拘束される「恐怖政治」がおこなわれました。この反省から憲法は二度と国会権力が暴走しないように箍（たが）をはめましたが、共謀罪はその箍を一気に緩めることになりかねません。」

第6回：「週刊金曜日」編集長・北村肇さん **「国が主権者になる、恣意的な捜査で「非国民」排除」**

「大きく網にかけて、反国家的な行為やそのような思想を持っている者すべてを取り締まるための悪法こそ共謀罪です。そして、その後に来るのが、主権在民の憲法から「まず国家ありき」の憲法への改悪です。…いまの時代、いろいろな団体・個人が横のつながりを広げることが大事です、それこそアメーバーのように。その連携を分断するのが、まさに共謀罪なわけです。」

4月に衆院法務委員会で審議入り。7月までの間、政府案に反対する民主党が修正案を出し、与党も再修正案を出す、ここで与党がなんとしても採決を強行しようと民主党案を丸のみすることを提案。しかし、政府が民主案では条約締結できないと表明。緊迫した情勢がつづき、最終的に与党は成立を断念しました。ここで民主党が「踏んばった」背景には、やはり大きな国民の運動があったと思います。

4月14日、3団体が10都府県から約40人で国会要請。要請に先立ち共産党の仁比聡平参議院議員が情勢を報告、「反対運動の広がりで、マスコミでも批判的な記事が掲載されるようになってきた。与党は修正案を提出しようとしているけれども、野党は反対の立場に立っており、たたかいをさらに広げるならば、廃案に追い込める」とあいさつ。

26日、「共謀罪に反対する超党派議員と市民の集会」に、民主、共産、社民3党から15人の国会議員が駆けつけました。5月8日には3団体で国会デモ行進、150人が参加しました。

当時の様子を救援新聞は次のように伝えます。「共謀罪に反対する集会が連日のように国会内で開かれ、いずれの集会も定員オーバーの超満員で、文字通り熱気あふれる集会となっています。」５月12日の「超党派議員と市民の集い」には、「共産、社民両党に加え、（当時）修正案を提出している民主党の議員も政府案・与党修正案反対の一致点で参加しました。」

通常国会での成立を許さず継続審議となったことを受け６月25日号１面は「共謀罪　今国会の成立阻止　反対運動の大きな成果」の見出しで報道。「与党が圧倒的多数を力に、数度にわたり強行成立を狙う緊迫した情勢がつづきました。これに対し、野党の超党派国会議員と日弁連や日本ペンクラブ、市民団体や労働組合などが繰り返し、国会の内外で集会をもち、宣伝を行いました。その力が、マスコミを動かし、反対世論を急速に広げました。成立を阻止したことは、運動の大きな成果です。」

６月13日の「超党派議員と市民の集会」では、民主、共産、社民各党の議員があいさつ、全労連、連合の代表が発言、全労協の代表が紹介されました。労働組合の運動の広がりを示すものです。

９月、第１次安倍政権が発足します。

11月25日号は見開きで全国のとりくみを紹介（34都道府県での学習会、宣伝など）と、まさに全国での広がりがわかります。

◇２００７年

４月５日号は１面で「世論を広げて廃案に」との大きな見出しで運動を紹介。その中に、興味深い記事がありました。３月20日の「共謀罪の新設に反対する市民と表現者の院内集会」で社民党の保坂議員が次のように発言しています。「自民党が『共謀罪』の対象犯罪を絞り込んだうえ、名称も『テロ等謀議罪』とする修正案を用意している」。つまり、当時、いまの「テロ等準備罪」と同様の名称で本質をごまかし、なんとしても共謀罪を通そうとしていたことがわかります。

７月の参議院選挙で自民党が大敗し、与党が過半数を割りました。

9月27日、共謀罪の新設に反する市民と表現者の国会集会を紹介、「反対運動で、2回の廃案、継続審議を10回も繰り返し、審議できない状況にあります。参院選で野党が多数を占めたことにより廃案に追い込める可能性が生まれています」と廃案への展望を語っています。

2009年7月、3度目の廃案。

3 共謀罪反対運動の成果

国会論戦の先頭に立っていた保阪展人世田谷区長（元衆議院議員）のブログ（2017年1月21日）から当時の状況が伝わってきます。

「私は、2005年から06年にかけて、衆議院法務委員会で野党の一員として『共謀罪』をめぐる国会論戦を担いました。2005年は、小泉純一郎内閣が突然の郵政解散で圧勝した後で、自民・公明の連立与党は圧倒的多数の議席でした。『数の力』からすれば、その後3回も廃案となるという結果を予想したメディア関係者は皆無に近かった状況です。

ところが、国会で議論をすればするほどに、政府・法務省提出の共謀罪への疑問はふくらみ、自民・公明の与党側からも、たびたび修正案が国会に提出される異例の事態となりました。『数の力』では勝敗は明らかでしたが、あまりに筋が悪い法案だったことと、今回の『カジノ法』等のような形式的な特急審議ではなく、国会論戦にふさわしい議論を許容する『品格』が、当時の与党側にも存在していたからこそ、深く掘り下げた議論ができたのだと思います。」

共謀罪が上程された当初は、衆参で自公与党が過半数をとり、さらに、2005年のいわゆる小泉「郵政選挙」で自民党は大勝し、衆議院では与党が3分の2を占める状況が生まれました。

同時に、改憲をめぐって激しいたたかいが展開された時期でもありました。世論調査では「憲法改正」を支持する人が60％を超える状況がうまれる一方で、九条の会の結成から草の根の憲法運動によって憲法を守り生かそうとの運動が大きく広がった時期でした。有事法制やイラク派兵反対などのたたかいも広がる一方で、これに対する言論弾圧も引き起こされるといった激しいたたかいが展開されていました。このような情勢のもとで、共謀罪反対の運動がたたかわれました。

前記もふまえると、共謀罪をめぐるたたかいには次のような特徴があったと思います。

①共謀罪そのもののもつ問題点（内心の自由を侵す憲法違反）。その問題点を、「居酒屋での会話も共謀罪⁉」「話し合うことが罪になる共謀罪」など、一般の人にも伝えたこと。

②共同のたたかいがさまざまな形で広がったこと。たとえば、野党が政党で共同した集会がもてない状況のもとで、「超党派議員と市民の集い」を開催し、一致点にもとづく運動で、野党と市民の共同が広がったこと。また、日弁連など法律家団体、日本ペンクラブや新聞労連などマスコミ関係、さらに多くの市民団体が行動に参加してきたことが運動を広げました。

③国会内、国会周辺での連日の集会、デモ、議員要請、さらには全国各地での行動が呼応して、国会を包囲したことが力になったと思います。

なお、国民救援会も、全労連、自由法曹団と共謀罪反対のパンフレットを作成し1万部を普及し、8万枚のカラービラを作成、広く市民団体や議員と共同してたたかいました。また、全国各地の救援会組織・会員が、反対運動の中軸で奮闘しました。

今回の運動の状況を見ると過去3回のたたかいを超えて早く、そして広く展開していると感じます。メーデー事件元被告団長の岡本光雄さんのことば「権力はつねに嘘を必要とし、人民はつねに真実を大切にする」にあるように、安倍政治の弱さの裏返しであるごまかしを打ち破り、共謀罪を阻止するために、国民救援会は「最重要課題」と位置づけ、組織を挙げて奮闘する決意です。

第7章 思想・信条の自由と憲法を生かした社会をめざして

杉井静子
（弁護士・全国革新懇代表世話人、労働者教育協会副会長）

1 相互監視社会の恐ろしさ

「共謀罪」の最も恐ろしいところは、民主主義の基盤である、思想・信条の自由を奪うことです。犯罪の「合意」（「共謀」）のほかに「準備行為」という要件を加えたとしても、その本質は変わらないことは、これまでの各章で解明したとおりです。

現実の「被害」が出ていないのに、共謀罪として捜査するには、「合意」があるかどうかを、盗聴して探るか、スパイを送り込むしかないのです。そうすると、日常的に警察など捜査機関が国民を監視する社会となること、そして国民相互が不信感をもち監視し合う「監視社会」になる。このことこそが最も危険であり、民主主義を掘り崩すことにつながることを強調したいと思います。

戦前の日本では、治安維持法などの治安立法の悪法とその運用を担う特別高等警察（特高）等により、戦争に反対したり政府を批判した人々は検挙・投獄されました。とくに共産党は天皇制の変革をたくらむ凶悪犯罪組織とされて一網打尽にされただけでなく、思想犯といわれるように共産主義の思想や、天皇制そのものに批判的な考え、天皇と異なる神を信じる、さらには戦争に反対する「思想」そのものが弾圧の対象になったと言えます。刑期が終わっても特高が本人だけでなく家族の身近につきまとい、監視するわけですから、「アカはこわい！」という意識が国民の中に浸透します。共産党だけでなく権力に批判的な人はその人の人格や行動とは関係なく、〝非国民〟〝アカ〟ときめつけられ、遠ざけられていたといえるでしょう。国民自身が他の人々を思想・信条で差別していたともいえます。民主主義の基盤・前提が存在しなかったのです。

2　憲法が定める思想・信条の自由

日本国憲法19条は「思想及び良心の自由は、これを侵してはならない」と定めています。思想及び良心というのは、心の中での「ものの見方」ないし「考え方」です。世界観、人生観、主義・主張といっていいでしょう。外国の憲法では良心の自由というときは、もっぱら宗教的な信仰の自由を意味しますが、日本国憲法では20条で別に「信教の自由」が定められていますので、ここにいう良心の自由は、個人の思想の中の多少とも倫理的な側面をとりあげているといわれるので、本稿では思想・信条の自由といいます。

思想・信条は、外部に現れない内心の状態ですから、外からの干渉に対しては全く自由で、法律で制限することはできません。このようにあたりまえのことが、わざわざ憲法に書かれたのは、前述したような戦前の日本の経験、教訓からでした。思想・信条の自由を、どんなことがあっても奪えない基本的な人権として憲法は宣言したのです。

同時に、戦前の社会は、外からの権威に拘束され、自分の頭で自由に物事を考えられなかった社会だったので、思想・信条の自由を認めることは、日本国民の自主的、自律的な精神を伸ばし、民主主義を根づかせることにつながると考えられたからです。つまり自分の思想や信条にてらして、時の政府や行政権力に対しても批判的な意見をもち、主権者にふさわしい精神的自由を持って行動することを憲法は求めているといえるでしょう。

そして思想・信条を外部に発表する自由が表現の自由です。その意味で思想・良心の自由は表現の自由と結びついて初めて社会的な意義をもちます。

憲法21条は、「集会、結社及び言論、出版その他一切の表現の自由は、これを保障する。検閲は、これをしてはならない。通信の秘密は、これを侵してはならない」と定めています。

ここでは、第一に、思想を表現する自由を保障しています。自分の意見を他人に話し、コミュニケーションと討論をする自由を当然含みます。さらに、①集会結社の自由、②言論出版の自由があります。集会・結社とは、共同の目的をもった一時的又は継続的な多数人の集団ですから、共同の目的をもたない市場や街頭での群衆とは異なります。共同の目的をもって行われるデモ行進、パレード、街頭宣伝、スタンディング等も集会として、自由を保障されます。集会、結社の自由が保障されてこそ、民主主義の社会といえます。

また、通信の秘密はその通信が犯罪行為である場合を除いて絶対的に保障されています。

犯罪捜査のためでも「盗聴」には、裁判所の令状がなければなりませんが裁判所が令状請求を却下することはめったにありません。盗聴法の改悪とあいまって、電話、Eメール、SNSなども含めて幅広い網の目のような、盗聴、盗撮が可能になるとしたらこれも明らかに憲法に違反します。

こうした民主主義にとって不可欠かつ絶対的な思想・信条の自由及び表現の自由が「共謀罪」の名の下に侵害されることは憲法上許されないだけでなく、日本の民主主義を破壊することになるのです。

3　憲法の思想・信条の自由がやっと根づきつつある

しかし、憲法があっても、それをくらしや職場に生かすたたかいと運動がなければ、自由や権利は根づきません。

戦後の社会でも、いわゆる「反共主義」は根強く、また政府与党に批判的な言動は、その思想を含めて、世間から白眼視され、差別される状況が続きました。その背景には支配層による憲法そして民主勢力に対する敵視と弾圧があったことも事実ですが、それを許す世論があったともいえます。

少なくない民間企業職場などで警察とも結びついて、共産党員とその支持者の解雇、賃金をはじめとするさまざまな差別、あるいは労働者の権利を守る労働組合が分裂させられるなどの攻撃がありました。しかしこれに対して、個々人や労働組合の裁判闘争など職場の自由と民主主義を守る運動が起こりました。このようなたたかいを経て、思想や所属労働組合のちがい等での差別は許されないという憲法の精神がようやく定着してきて、単なる反共攻撃、思想差別は通用しなくなってきました。

また、市民・住民の運動でも全国で長年にわたり公害、原発、軍事基地などとのたたかいがあり、第6章にも例があるような弾圧事件とのたたかいもありました。

最近では、警察による市民監視についても市民の運動が起こっています。大垣署市民監視事件です。中部電力の子会社「シーテック」は岐阜県大垣市に風力発電所建設を計画します。多数の住民が反対します。

そのさなか岐阜県警大垣署の警備課長はシー社との打ち合わせの中で「元来、過激な運動を起こす上鍛治屋地区」「今後、過激なメンバーが岐阜に応援に入ることが考えられる。身の危険を感じた場合はすぐに110番ください」と発言し、シー社の議事録に記載されています。警察は反対派のもと自治会長、地元のお寺の住職さん、はては法律事務所の個人情報をシー社へ提供しています。

この議事録は2014年に報道で明るみにでました。被害者の方々は岐阜県を相手に、警察の個人情報提供に関し損害賠償を求めて提訴し、現在係争中です。

国民を監視するのは、警察に限りません。2007年6月、自衛隊情報保全隊が、イラク派兵反対などの平和活動をはじめ広範な市民の行動を監視し、詳細な記録を作成したことが暴露されました。同年監視されていた東北地方の市民らが国、自衛隊を相手どって仙台地方裁判所に監視差止めと損害賠償を求める訴訟を起こしました。2016年10月に最高裁の決定が出ました。自衛隊が監視文書を作成していたこと、監視は違法だということが認定されています。この裁判闘争の中で自衛隊が、市民の運動を「反自衛隊活動」と敵視する危険な実態が浮き彫りになりました。

これらは「共謀罪」ができたら物言う「一般市民」はどう扱われるのかを象徴するものですが、ほんの氷山の一角にすぎません。

国民のたたかいは前進しています。思想・信条の自由や表現の自由を守るだけでなく憲法を生かすさまざまな運動の発展の中で、2015年以来の安保法制（戦争法）廃止の運動があります。

この運動の中で、所属団体、支持政党などのちがいをこえて「総がかり行動実行委員会」が立ち上がりました。また「シールズ」や「ママの会」「学者の会」などこれまで政治にあまりかかわって来なかった人も含め、幅広い人々が運動に参加してきました。

思想・信条で差別しない、自分の思想・信条の自由を尊重すると同時に他人の思想・信条も尊重するという民主主義の思想が定着してきたといえるでしょう。

百年も前、夏目漱石は「自分の自由を愛するとともに、他の自由を尊敬する。他の存在を尊敬するとともに同時に自分の存在を尊敬する」ことを強調していますが、昨今の運動の中でいわれる「互いにリスペクト（尊敬する）」という言葉は、民主主義の基本であり憲法の思想・信条の自由をさらに生かすためにもとても重要なことだと思います。

4 「共謀罪」（テロ等準備罪）を運用するのは誰か

(1) 警察及び捜査機関

犯罪の捜査をするのは、いうまでもなく警察及び捜査機関です。誰が捜査の対象となるのかを決めるのも同じです。捜査のため逮捕したり、捜索（ガサ入れ）するのも警察及び捜査機関です。もちろん逮捕や捜索には裁判所の許可「令状」が必要ですが、後にも述べるように令状を出すかどうかの裁判所の審査は形式的になりがちで、主導権をもつのは警察及び捜査機関といえます。

そして「共謀罪」を運用する中心ももちろん警察及び捜査機関です。「組織的犯罪集団」としての証拠を集め「共謀罪」として逮捕し裁判にかける（起訴する）には、国民全体を日常的に監視することが不可欠になります。盗聴、盗撮、内偵、街頭のテレビカメラ等による監視、個人的なＥメールや「ライン」なども監視対象になり得るのです。

(2) 有罪無罪を決めるのは裁判所

有罪か無罪を判断するのは裁判所です。無実の人が有罪になることはないと思っている方がいらっしゃるかもしれません。しかし、実際に、えん罪事件が起きているのが日本の司法の現状です。

日本の司法は「精密司法」と呼ばれ、けっしていい加減な裁判手法ではありませんが、有罪率が99%という中で裁判所が基本的に捜査機関を信用・信頼していることも事実です。

そのため裁判官は、有罪の証明ができないときは「疑わしきは被告人の利益に」ということで無罪を言いわたすべきであるという原則は、理屈上はわかっていても、なかなか無罪判決を下しません。すなわちアリバイをはじめ、無罪の証明の責任を被告人側に負わせている実態があります。

「共謀」の事実は、自白によれば立証できます。憲法38条2項には自白が唯一の証拠である場合は有罪とされないと定めていますが、唯一の証拠が共犯者の自白である場合は、共謀の事実を認定できるというのが今日の刑事裁判の実務なのです。だから共謀罪のない今でも捜査機関は共犯者の自白を得て実行行為に参加しない者も「共謀共同正犯」として有罪にされてしまうのが実態です。

さらに最近の刑事訴訟法の改悪で司法取引により共犯者を確実に合法的に不起訴にする道が開かれました。共犯者に「不起訴」というアメを与えて「ウソの自白」を強要して、それを証拠に何らの犯罪行為もしていないのに「共謀罪」で、有罪とされるおそれが十分にあります。

5 思想・信条の自由を守り、憲法が生きる社会をめざして

菅官房長官は共謀罪は「一般の方々が対象となることはありえない」といいます。市民の多くは、

自分は「一般人」だと思っていて、「共謀罪」に関係ないと思っているかもしれません。しかし官房長官の言い方は、政府や警察に逆らわない人たちと、政府の方針に批判的であったり反対する人たちを、まさに、思想・信条で差別するものです。これまで地道にこつこつと憲法を守り生かす運動をしてきた人々や、今回の戦争法反対闘争を通じて自覚的、意識的に運動に参加してきた多くの市民、それらの人々と、まだ「立憲主義」や「共謀罪」に関する正しい情報が届いていない多くの良心的な人々とを分断するものです。その点でも、共謀罪に反対するたたかいは、思想・信条による差別と分断を許さない、憲法を守り生かすたたかいなのだということを共通の認識にしたいと思います。

安倍首相は自分の手で明文改憲を実現しようと意欲まんまんです。しかし、戦争法が成立した後も、その廃止を求める市民のねばり強い運動があり、そしてそれが立憲主義を取り戻す、個人の尊厳を確立する運動としておとろえることなく持続しています。さらに、このような強権的な国民無視の国の政治を変える市民と野党の共同した運動に発展しています。安倍内閣が最も恐れているのが、こうした国民の反対運動です。これを抑圧し、日常的に監視社会をつくり上げることをねらっているのです。ですから「共謀罪」はなんとしても阻止しなければなりません。

市民運動と共謀罪創設反対の運動との連携はすでに始まっています。戦争法廃止の総がかり行動実行委員会と共謀罪ＮＯ！実行委員会が共同して、統一署名運動を開始しました。いかに与党が多数でも共謀罪阻止の展望は十分にあります。

同時に、国会運営その他の政治の場面で過去にあった「共産党は除く」というようなやり方はおかしいという世論の高まりがあることに確信をもちましょう。そして、思想・信条により差別することは許されないという世論をいっそう広げましょう。それがこの国に憲法を根づかせ、憲法を生かす社会をつくることにつながるのです。

【著者】

鈴木　亜英（弁護士、日本国民救援会　会長）

山田　敬男（労働者教育協会会長・現代史学）

小沢　隆一（東京慈恵会医科大学教授・憲法学）

小田川義和（全国労働組合総連合　議長）

杉井　静子（弁護士、全国革新懇代表世話人、労働者教育協会副会長）

鈴木　猛　（日本国民救援会　事務局長）

三澤麻衣子（弁護士、自由法曹団　治安警察問題委員長）

デザイン　かんきょうMOVE

イラスト　岡田しおり

学習の友ブックレット㉖

共謀罪 vs 国民の自由―監視社会と暴走する権力

2017年4月10日　初　版
　　　　5月31日　第2刷

定価は裏表紙に表示

鈴木　亜英　山田　敬男　小沢　隆一　小田川義和
杉井　静子　鈴木　猛　三澤麻衣子

発行所　学習の友社
〒113-0034　東京都文京区湯島2-4-4
TEL 03(5842)5641　FAX 03(5842)5645
郵便振替　00100-6-179157
印刷所　（株）教文堂

ISBN978-4-7617-0426-1